45のエピソードからみる

営業の課題解決

高嶋克義＋田村直樹◆著

同文舘出版

はしがき

スポーツの世界にスランプがあるように、営業がうまくいかず、カベに突き当たったように感じる時期があるだろう。売上目標をクリアしなければならないというような重圧がある状況では、なおさらである。そのような時間的な焦りがあると、自分の営業スタイルをどのように改善すればよいか、じっくり考える余裕がなくなるため、焦るばかりでますます周囲がみえなくなり、自分に自信をもてず、悪循環になってしまう。

あるいは、営業に対して最初から苦手意識をもってしまうこともある。就職活動をしている学生から「営業はやりたくない」という声を聞くことがある。同様の「食わず嫌い」は、技術系社員として入社して、営業職に配属が変わるときにもみられる。これらの人は営業がつらそうだと思ったり、営業をする将来の自分を思い描けなかったりしている。また、たとえこれらほど深刻な状況ではないにしても、実際に営業活動をしていて手詰まりを感じたり、今のまま営業を続けていてよいのかという漠然とした不安を感じたりすることは、日常的に起こりうることだろう。

こうした状況に陥ったとき、自分で解決策を導ければよいが、実際にはなかなかうまくできないことが多い。というのは、何が原因となっているのか、何をすれば課題を解決できるのかがよくわからず、そのために上司や先輩にどう相談すべきか、アドバイスをいかに求めるべきかさえも明確ではないからである。

なぜそうなるのか。その根底には、営業は「経験と勘と度胸」で行うもので、理屈はないという思い込みがあることが多い。理屈が通用しないから、最初から課題を分析できないとあきらめてしまい、他人との共通点を見いだせないため、他人のアドバイスを自分の立場に置き換えられず、視野が狭くなるといったことが起きている。

この本は、営業においてこうした状況に陥った人やその人たちに助言をすべき立場の人に特に読んで欲しい本である。この本では、営業現場で起こる事例を45のエピソードにまとめ、そこから営業における数々の課題をいかに捉えて解決するのかを考えてもらうことを狙いとしている。つまり、他人の経験を通じて学ぶのである。

もちろん営業は自分の経験から学ぶのが最良といえる。しかし、それのみに頼るのは効率的な学び方とはいえない。さまざまな課題に直面し、失敗することで学習するのであれば、失敗を繰り返すことの心理的な負担は相当なものになり、学ぶ前に心が折れてしまいかねない。また、失敗する機会を豊富に与えられるというわけにはいかない。あるいは、最終的な良好な結果で帳尻を合わせてしまい、途中に起きた失敗に留意しないこともよくある。

それゆえ他人の経験から学ぶ必要性が生じる。他人の経験から学ぶことのメリットの1つは、直面する課題を冷静にみて、焦ることなくじっくり考えられることである。そのかわり、他人の経験を「他

かという多少の想像力は必要である。しかし、そうして自分にも共通する課題や打開策として考える人事」と決めつけ、考えることをスキップする危険性もあるため、自分の身に起きたときにどうする

ことができれば、営業の能力だけでなく学ぶ力も同時に高まることになるだろう。

もう1つのメリットは、視野を広げることである。営業現場で自分の経験だけから学ぶと、自分で考えうる範囲での課題の捉え方や解決の仕方に限られることになるが、他人の経験から学ぶことで、自分とは違った視点による行動の可能性やそこでの別の課題がみえるようになる。また、違う産業の話でも、視点を増やしたり、新たな打開策を思いつくヒントになったりする。それゆえ、広い視野で営業をみられるようにするために、この本のエピソードも業種にこだわらずに読むことも重要である。

この本では、取材で集めた営業における失敗などの事例、特に営業の現場で似たような課題が数多く存在する事例、言い換えれば、実際にしばしば起こりやすい事例を中心に集めている。これらの事例についての情報収集では、神戸大学ＭＢＡを修了した方々をはじめ、多くの営業に従事する人たちの協力を得ている。この場を借りて取材に協力してくれた方々に感謝の意を表したい。

またエピソードに取りあげた事例では、取材への協力者に配慮する必要から、架空の人名や企業名を使い、さらには製品や産業さえも変更している。このように製品や産業を変えることによって、製品技術や業界の慣習から違和感を与えるような内容もあるかもしれないが、ご容赦いただきたい。むしろ、産業間の違いよりも、産業を超えて共通する営業の課題に注目し、多くを学んでほしいと考え

ている。

そして、この本が営業において「つまづき」や「難しさ」を感じて悩んでいる人たち、あるいは、部下の営業に関する悩みにどう接してよいかわからない上司・先輩の皆さんにとっての一助となることを心から願っている。

最後に、営業のノウハウを説く指南書とは異なる新しい営業の学びの書を出すという目標を共有し、企画、編集から出版の過程においてたいへんお世話になった同文舘出版株式会社の皆様、特に編集局専門書編集部の青柳裕之氏に心から御礼を申し上げたい。

2016年1月

高嶋　克義
田村　直樹

◉もくじ

第3章 信頼関係をつくる

第4章 顧客を開拓する 83

第5章 顧客を分析する 113

第6章 組織の力を使う 127

第7章 営業を管理する 147

第8章 革新する営業 175

第9章 国際化する営業 189

用語解説一覧

※□の数字はエピソード番号

第1章

営業という仕事

エピソード1

営業に向く人、向かない人

野江氏は自動車ディーラー松岡自販の営業課長。彼は、部下である守口氏のセールスが不振なことを気にしていた。

守口氏は入社直後から指導役の先輩に張り付き、接客トークなどを実地で学び、熱心にノートしていた。その姿は先輩たちには良い印象を与えた。そして入社して半年が過ぎ、単独での接客と商品説明をすることになった。守口氏は現場に臨んだ。しかしそのトークは先輩のトークを丸暗記したものだった。顧客のタイプを見極めず、先輩の言葉の受け売りでしかなかった。

しかも、守口氏はひたすらしゃべり続け、まったく顧客の話を聞いていない。まるで自分が未熟なことを、相手に悟られるのが怖いかのようであった。実際、守口氏は沈黙が怖いと感じていた。初対面の顧客の場合には、十分な**アイスブレイク**が必要であると研修で聞かされてはいたが、どの程度の時間で十分なのかがわからなかった。顧客がまだ買いたい気分になっていない段階で、つい値段の提

アイスブレイク

硬い氷を割るように、初対面の人との間での緊張した雰囲気を会話によって打ち解けた状態にして、コミュニケーションを取りやすくすること。営業では、顧客のニーズを聞き出すことが重要になるが、顧客の立場では、初対面の人に抱えている問題を打ち明けるはずもないため、アイスブレイクを行って、顧客との距離を少しずつ縮め、顧客の本心を聞き出すことが重要になる。

示などをしてしまう。守口氏は説明することで頭がいっぱいなのであった。

野江課長は、守口氏にもっと自信と余裕をもって顧客に語りかけるようにアドバイスをしようと考えた。守口氏のようなタイプは、細かく指示や指導をすると、ますます自信を失い、自分のすべきことばかりを考え、顧客の反応がよく見えなくなるためだ。もっと顧客をよくみる余裕が生まれると、あとは営業トークもよくなっていくだろうと期待してのことだった。

野江課長は、守口氏から「わかりました。やってみます。」という言葉が返ってくると思っていたが、守口氏の返事に驚くことになる。「やっぱり自分は営業に向いていないと思います。本当は**企画**向きだと思いませんか。」といった。ふてくされていっているのなら、叱責するといった対処の仕方もあるが、守口氏の表情は真剣そのもので、やや思い詰めた様子でもあった。

「おいおい限界を感じるほど、何も努力していないだろう。むしろ問題がここにあるとわかったのだから、直すことを考えてみてはどうか。」と野江課長は言葉を選びつつ、諭すようにいってみたものの、守口氏の浮かない表情を見て、近々、彼が会社を辞めたいといってくるのではないかという不安がよぎった。わずか一度の失敗で自分が営業に向いていないと決めつけてし

企画

企業には商品企画や経営企画など、多様な「企画」があるが、この場合は、営業企画や販促企画のことで、営業のデータ支援や販促物の作成のような営業の後方のサポートを行ったり、顧客データベースを管理したり、全社的な営業計画や営業体制の構築を行ったりする。営業企画部とかマーケティング部といった部門で行うことが多い。

このケースのように「企画向き」という場合には、考えることは得意だが、人と話すことが苦手だという意識がある。ただし、そういう発言には営業企画への誤解があり、営業を理解していない人には営業企画は難しく、有効な営業企画を行えないのが現実である。

まっていることが守口氏の表情に表れていた。

そのことを「今どきの新人は」と言葉の上で片付けるのは簡単である。しかし、そんな愚痴をいったところで、何のメリットもないことは明らかだった。これまでなら叱咤激励で済ませてきたが、今回はそうはいきそうもない。野江課長は、守口氏の問題を彼と一緒に考える必要があると思い始めていた。最初は教えやすいと思っていたが、これから長期戦になることを覚悟していた。

解説 エピソード1

営業の虚像と実像

映画やドラマの中で、有能な営業マンを登場させるとすれば、どのような演技をさせるだろうか。恐らく、いかにも体力がありそうな男性がエネルギッシュに顧客の工場やオフィスの間を走り回っているシーンなどを考えるのではないだろうか。

では、営業マンが悪戦苦闘しているシーンを撮るとすれば、どうであろうか。今度は、冷淡な顧客にすがるように何度も深々とお辞儀をするシーンとなるだろう。

この2つは、営業の一般的な先入観であり、営業の「明」と「暗」を象徴しているが、ここに共通するものもある。それは、体力、度胸、情熱、努力、義理、人情、人間関係、理屈が通じない、自分

1人の努力によるといった要素である。

他方で、そのようなイメージでは見落とされがちな要素もある。それは、知力、論理、学習、組織力、企業間関係、チームプレーなどである。これらを忘れていることが、営業をいたずらに難しく、解決不能なものにしてしまっている場合があることに注意してほしい。

営業の先入観や固定観念があるがゆえに、その明るいイメージから希望や期待が生まれるが、希望や期待と違う現実に出会い、こんなはずではなかったと挫折してしまうこともある。また、営業の暗いイメージから不安が生まれ、食わず嫌いに陥ったり、営業に「行かされる」と思ってしまったりする。さらには、現実の問題に直面したとき、理屈が通じないという一本調子のイメージを持ち続けたままでは、解決策を見つけられない、学習さえもできないということになりかねない。

まずは、営業の先入観を払拭し、見落としていた要素を捉えること、言い換えれば、営業の虚像に惑わされずに、実像において問題を解決しようと努めることが重要になる。営業の世界は多様であり、そのアプローチも数多くあると知ることから、問題解決はスタートする。「営業がつらい」というのは、理屈が通用しないということよりも、そう信じてしまうことから、他人に振り回され、先が見えなくなっているからということがよくあるだろう。

エピソード2
要領の良い新人

土居氏はアイスクリームの中堅メーカー、西日本乳業の営業部長である。土居部長には今年入社した新人、大和田氏の評判がよくないのが気になっていた。

大和田氏は地域の卸売業者への**ルート営業**を担当。最近、在庫確認が十分ではないにもかかわらず、とにかく見込み発注をする一方で、卸売業者へは「なんとかお願いします」という**押し込み販売**をしている。成績を確保するために、先輩から裏ワザを教えてもらったのである。

上司の課長は部下に「何でも聞いてくれ」と日頃からいっていたが、大和田氏が何も考えずに答えだけを求めてくることに、課長は苛立ちを感じていた。しかも、大和田氏はいつも「わかりました」と上司のアドバイスには応えるのであるが、実際は

ルート営業（ルートセールス）

ルート営業とは、すでに取引のある顧客（既存顧客）を営業に割り当てて、担当する顧客を定期的に訪問して、その顧客との関係を維持しながら、その顧客からのニーズや注文を聞き取ったり、商品などの提案をする営業のことである。その対比となるのが、飛び込み営業で、新規の顧客を開拓する営業となる。

一般的には、飛び込み営業がきつく難しく、ルート営業は楽で簡単であるかのようにいわれることが多いが、ルート営業では、単に注文をとりに行くというよりも、顧客との関係を形成していく中で、解決すべき顧客の問題を察知して、解決策を提案することが求められ、そうした行為がますます顧客との関係を強固にするという好循環を作ることが課題となるため、決して「楽で簡単」ということはない。

理解していなかった。

大和田氏のような「要領の良い」新人営業は、何年かおきに現れ、それが度を過ぎると周囲とこうした軋轢を引き起こす。そういうタイプの新人は、それが営業としての正しい振る舞いと思い込んでいる節があり、それを是正するのはなかなか容易なことではない。

土居部長も大和田氏にどう指導すべきか思案し、営業部配属後半年後に行われる研修の機会を利用して、すべての新人営業に対して、次のようなことを話した。

要領の良い営業マンは、一見、問題がないように見えるが、問題の入り口で答えを探す行動パターンになっていることに気をつけなければならない。営業で解くべき課題には、すぐに答えを出さないといけない課題と深く考えて答えを出すべき課題がある。要領の良さというのは、深く考えないといけない課題でも、すぐに答えを出してしまう傾向でもある。

同じことは顧客の抱える課題にもある。顧客がすぐに解決してほしいと考えている課題は、要領良く対応することに価値があるが、深く

押し込み販売（押し込み営業）

顧客にまとまった量の商品を買ってもらい、商品在庫を顧客に「押し込む」ような営業方法のこと。顧客にとっては、まとまった量の注文を出すということで、有利な条件を要求できることが多い。売り手企業として、生産された在庫が過剰になってしまったときに奨励することもあるが、多くの場合は、営業が個人の売上成績のアップや目標達成を狙って、依頼しやすい顧客にお願いして、まとまった量の商品の注文を出してもらうことが多い。

ただし、こうして押し込んだ商品は、店頭で低価格でしか販売できないために、低い価格で納品しないといけないことから、営業成績のうちの売上は伸びても、利益率は低くなる。

しかも、近年は、顧客の方も在庫の圧縮を重視するようになり、在庫管理がしっかりとした優良な顧客ほど押し込み販売が通用しなくなってきている。

考えてほしいと思っている課題に対してすぐに答えを出してしまうと、結局、顧客との信頼関係を築くチャンスをみすみす見逃してしまう。

そのあと、大和田氏を個別に呼び出して、今度は、大和田氏の営業成績のデータを示しながら、粗利益率が他の営業よりも悪い理由を説明した。大和田氏のように見込み発注をして押し込み販売をすれば、目標の販売額は何とか達成できるが、顧客に足下を見られて、価格交渉では弱気になるために、利益率が低くなってしまう。

西日本乳業では、配属1年目の営業は販売額で評価するが、2年目から利益率のウエイトがだんだん高くなるという評価方法をとっている。そのために今のうちに押し込み販売に頼らず、顧客の問題をじっくり考えて解決して、信頼関係を築くことを考えないといけないことを伝えた。

それを聞いて大和田氏が性急に何かいいかけたとき、土居部長は、それをさえぎった。「ほら、そこで何かとりあえずの答えを出そうとする。それがいけない。これはじっくり考えて答えを出さないといけない問題だろ。」

解説　エピソード2

「売ってなんぼ」の落とし穴

営業には「売ってなんぼ」という言葉がある。どんなに営業の方法を変えてみても、そのやり方で売上をあげられなければ意味がないという意味で使う。例えば、本社から営業の方法を修正するように求められたが、自分はこれまでの方法で立派に成果をあげているからと、反発するときに出てくる言葉である。「結果オーライ」という同様の言葉があるが、結果さえ出せば、その方法は問うべきではないという考え方である。

そして、この「売ってなんぼ」で守ろうとする営業スタイルは、多くの場合、経験と勘と度胸のアルファベット頭文字を並べた「ＫＫＤ」による営業、義理と人情の営業、体力と情熱による「どすこい営業」、「押し込み営業」、人間関係や顔つなぎを重視する「ご用聞き営業」といった昔から行われているスタイルである。

ただし、これらは古くさく不合理と頭から決めつけてはいけない。顧客に熱意が伝わることで、顧客との強い結びつきを形成したり、取引の判断における最後の決め手となったりすることも多い。また、営業の頑張りや「背伸び」を引き出す上でも有効である。

こうした心情的な局面ばかりではない。例えば、ご用聞き営業というのは、顧客の元に頻繁に訪れることで、顧客の担当者との人間関係ができ、それがあるからこそ、コミュニケーションが円滑になり、顧客の抱えている課題を引き出せるようになり、顧客のニーズを踏まえて、顧客が望んでいる形で商品やサービスを提案できるようになる。また、頻繁に訪問するからこそ、顧客においてニーズが発生した時機を逃さず、捉えることができる。このように考えれば理解できるように、ご用聞き営業を行う合理性が存在する。それは、KKDや義理・人情でも同様で、それが選択される理由を知ることが重要になる。

ただし、ここで2つのことが問題となる。

1つには、従来からの営業スタイルというのは、経験や勘を重視するため、その裏返しとして、合理性や理由といった「理屈」を排除しようとする力が働きやすい。いわば頭を使わず、習慣として漫然とご用聞きに出かけてしまいやすい。上司にしても、ご用聞き営業をしなければならない理由を考えている部下がいれば、つい「考えるヒマがあったら、営業に行け」といってしまうだろう。

しかし、そのように習慣として行っているだけでは、営業で成果をあげるのは難しい。ご用聞き営業をするならば、習慣として漫然と行うのではなく、顧客のニーズを集め、提案に結び付ける機会を探ることが重要になる。それゆえ、なぜ「営業は理屈ではないのか」を「理屈」で考えるように努める必要がある。

そして、もう1つの問題は、このような従来の営業スタイルが、今や顧客に必ずしも歓迎されているわけではないということである。確かに、顧客は人間なので、提示する製品やスペック（仕様）の情報だけに反応するわけではなく、熱意で動かされることもよくある。それゆえ、営業を人間にさせている理由がある。

しかし、顧客の側でも競争が厳しくなってくると、もっと顧客に利益をもたらすように、提案内容に磨きをかけることを求めるようになってくる。そのときは、義理・人情や人間関係だけで顧客を動かすことは難しい。こうした局面では、従来のものだけでは通用せず、どのように変えるべきか、あるいは、何を追加すべきかが問われるようになる。

エピソード3

技術系営業が直面したカベ

滝井氏はコピー機を企業のオフィスなどに販売するスマ精機の営業課長である。最近、営業部に入社5年目の古川氏が技術部から異動してきた。古川氏は理系出身であり、入社以来、オフィス環境のＩＴネットワークをサポートする担当であった。

近年、コピー機は情報機器とのネットワークが重要となり、**提案営業**をする際にはＩＴの専門知識は不可欠である。そこで古川氏が営業部に抜擢された。

先日、古川氏にとって初めての顧客向け**プレゼンテーション**があった。3社でのコンペティションである。古川氏はスライド資料にアニメーションや画像を取り入れて、ビジュアル的にかなり作り込んで臨んだ。しかし、使用していたコピー機の画像が一部ライバル社のものという初歩的なミスを犯した。画像

提案営業

顧客に問題解決（ソリューション）を提案する営業のこと。製品を通じて顧客の問題をいかに解決するかを示したり、顧客にそのような問題があることを気付かせたりするような営業が中心となる。そのため、製品を売り込む営業のように、他社の製品と比べられて、すぐに価格交渉になってしまうことが少なく、利益を上げやすい。また、顧客の求めに応じて製品を納品する営業とは違い、売り手が能動的に提案することになるため、営業において主導権を取りやすいというメリットもある。

それだけに提案営業では、顧客の問題についての情報収集能力やその問題を技術的に解決できる技術開発能力が必要となるため、営業マン１人の力では難しく、技術部門との連携が不可欠となる。

にはライバル社のロゴが映っており、製品はライバル社のものであると指摘されてしまった。もちろん、そのコンペは失敗に終わった。

その後も古川氏は結果を出せずにいた。彼は技術面の説明ばかりに終始し、自社製品とそれにかかわるシステムの効果をうまく説明できずにいた。「あれもできます、これもできます、どちらがよいですか？」という説明で、顧客は彼の話を納得するまでには至らなかった。技術トークは盛り上がるのであるが、結果に結びつかない。古川氏はいつも滝井課長には「今回の商談はいい感触でした」と報告するのであるが、結果がついてこないのであった。

最初は古川氏が営業チームに入ったことで、技術系の若い助っ人が来てくれたと歓迎していたチームのメンバーにも不協和音が聞こえるようになってきた。古川氏自身が営業成果をあげられないために、チームのメンバーも技術面でのアドバイスや協力を頼むことを遠慮するようになっていた。そのため、古川氏からもチームのメンバーに質問しにくい雰囲気になり、古川氏は営業チームの中で孤立した感じになっていたのである。

プレゼンテーション

顧客の前で商品の説明をする機会を設けて、そこで説明をすることをプレゼンテーションという。これには、情報システムや建築の設計のように顧客に現物という形で受注前に提示できない場合もあれば、デモ機を使って実際に見せる場合もあり、プレゼンテーションといっても多様なスタイルがある。また、複数の企業にこうしたプレゼンテーションをさせて、その中から発注先を選定することをコンペ（コンペティションの略）という。

プレゼンテーションでは、顧客に技術的に優れていることを正確に伝えるために、技術専門の知識が話し手に必要とされるが、他方で、聞き手の中に技術的な専門家でない人も参加することも多いため、その技術的な優位性を顧客にわかりやすく示すことも必要になる。

古川氏は、製品の技術的知識においては優れていても、顧客のもとでの利用状況や顧客業界の情報については疎かった。それらの知識を身につけさせるための営業部への配置転換だったが、古川氏がますます自分の得意とする技術の世界に引きこもってしまうのは目に見えていた。

そこで上司である滝井課長は、古川氏が現在直面しているカベを認識できているか、面談して確認してみることにした。すると案の定、古川氏は、自分が何に躓いているのかわからないが、いずれは成果がついてくると楽観的に考えているようだった。しかも困ったことに、数年後には技術に戻してもらえるという見込みで、それまでの辛抱だともいっていた。

それでは顧客に信頼してもらえるはずもなく、営業成果など、到底期待できるはずもなかった。さらに、古川氏を育成する視点からいっても、顧客や市場のことを生半可に捉えるクセがついてしまい、技術者としてのキャリアも期待できない危険性があった。

滝井課長は、古川氏にこのことを伝え、技術よりも顧客のことを常に先に考えるようにアドバイスをした。今の彼には、営業スキルとして指導するよりも、意識から変えさせることが重要に思われた。また、その修正には、時間がかかると覚悟していた。事実、古川氏は滝井課長から営業スキルの助言があると予想していたが、態度や習慣のことをいわれ、しかも、自分としてはできていると思っているために、拍子抜けしたような表情をしていた。

解説　エピソード3

技術系社員の営業の役割

営業のタイプを顧客の種類で大きく3つに分けると、消費者向け営業、流通業者向け営業、企業顧客向け営業（またはＢｔｏＢ営業）になる。消費者向け営業とは、一般の消費者に対して商品やサービスの販売を行うものであり、流通業者向け営業とは、小売企業や卸売企業という商品を仕入れて販売する業者を対象とする営業である。そして、企業顧客向け営業は、営業を行う先がユーザー企業となり、企業が製品の生産で使う部品・原材料の営業や、工場やオフィスで使う設備・機器の営業が含まれる。

そして、このエピソードであるが、この3タイプでいえば、企業顧客向け営業であり、その中でも特に、技術者（エンジニア）を伴うなどして、ユーザーに技術的な提案や聞き取りを行う営業になる。この場合には、営業において技術的な専門知識が求められるため、営業が技術を学んで自ら説明したりするだけでなく、開発部門や技術サービス部門などにいる技術者が営業に同行したりすることもよくある。

もともと企業の活動では、技術と営業が明確に役割分担して、それぞれの仕事をこなすことだけではうまくいかない。そのために、技術系のキャリアの人が営業を担当するケースが多く見られる。例えば、技術開発や製品開発において、開発者が顧客のニーズに触れて、市場のことを理解して開発することは重要であるため、企業としても技術者に営業を経験させようとする。あるいは、普段、開発部にいる人が、営業からの要請や自らの希望によって、開発した技術を顧客に説明をしたり、顧客からの技術的な問い合わせに直接対応したり、アフターフォローとして技術サービスを提供したりする場合などもある。

さらにいえば、技術系社員が事業責任者として開発だけでなく営業を統轄することになれば、技術系の出身でも顧客と接することになってくる。特にこうしたことは技術開発に基づいて新規事業の立ち上げをする場合ではよく起こる。

このように技術系の人が営業を行う必要性はいたるところに存在する。そして、技術系であれば、技術についての専門知識が豊富で、営業もスムーズに行くと期待しやすいが、この事例のように、実際にはうまくいかない。それは、技術系の人は、もともと図面を書いたり、ものづくりに携わったりすることを好み、顧客と対話することは苦手とする場合が多いからである。しかも、技術の世界では合理的に考えたり、結果を予測したりすることができても、営業では思い通りにいかないことが多く、知識やノウハウの蓄え方も経験を通じて学ぶ必要があるため、勝手が違うと考えてしまいやすい。

これらのケースでは、技術と営業は別々の世界であり、営業に一時的にかかわっているという部外者としての意識がある。つまり、専門外であるとか、本業ではないとか、不本意な仕事であると考えてしまうのである。しかし、顧客にしてみれば営業は企業の代表であり、そのような不本意の人の説明に動かされるはずもない。顧客は、技術だけではなく、問題解決をしようとする意欲を見ているからである。

技術系社員は、その技術的な知識に基づいて、顧客のニーズを収集し、その解決策を提案することで、顧客が満足し、ますます顧客との関係を強くするというサイクルにおいて、重要な役割を担うということをまず理解することが重要になる。その上で、顧客のニーズへの関心をもち、営業を通じて市場を理解する努力を払うことを考えていくべきである。

エピソード4

専門知識の使い方を間違えると

関西の総合スーパー、ロパスのグループ企業で旅行代理店事業を行うリッチツアーズでは、関西一円に立地しているロパスのショッピングセンターに店舗を設けてパッケージツアーを顧客に販売する旅行商品の**リテール事業**を行っていた。

しかし、旅行代理店のカウンターでの事業は、インターネットの広がりとともに年々売上を低下させていた。利用者によるネットでのホテルやエアチケットなどの直接予約が増えた上に、ネット専門の旅行代理業者や大手旅行代理店のネット販売に押されて、リッチツアーズでは、カウンターへの来店者数が減少していたからである。その結果、リッチツアーズの本部では、カウンターセールス事業を存続させるかどうかを考えざるを得ない状況になっていた。具体的な案としても、ロパスでは無人のコーナーにパンフレットだけを置いて、本部の電話オペレーターやネットでの受注を行い、カウンター

リテール事業

「リテール」とは「小売」という意味であるが、サービス業などの企業においてリテール事業といえば、一般の消費者向けの事業を指す。それに対して、企業・法人向けの事業は、ホールセール事業という場合もあり、このホールセールとは「卸売」という意味である。ちなみに、これらの「小売」「卸売」から連想されるように、この分け方は流通業と同じであり、一般の消費者に商品を販売するのが「小売」(リテール)であり、流通企業やユーザー企業に商品を販売するのが「卸売」(ホールセール)となる。

のスタッフは、法人向けの団体旅行の営業に転属させることも検討され始めていたのである。

そうした厳しい事業環境の中、リッチツアーズ芦屋店の平塚店長は、生き残りのために対策を考えることを求められていた。そこで、これまで行ってこなかった旅行商品の個人客へのアウトドアセールスをロパス商圏内で展開することを本部に提案し、まず芦屋店だけで実験的に実施し、1年以内に成果を出すことを条件に認めてもらった。ただし、外販のために人件費をかけられないため、契約社員も雇わず、これまでカウンターで旅行の相談にあたっていたスタッフが、平日の来店が少ない時間帯に外回りを担当することになった。

リッチツアーズ芦屋店のあるロパス芦屋店の商圏には、所得の比較的高い高齢者が住む戸建ての住宅が多い住宅地があり、その地域での営業はそれほど難しくないだろうと、平塚店長も、また本部でも思っていた。むしろ難しいのは、他の店舗での若い世帯の多い新興の住宅地域に展開してからであり、そのために芦屋店で実績を作って、その経験を生かしたいという計算があった。

そこで、平塚店長は、販売見込みの高い地域を絞り込んで、まずチラシを対象地域の家々に配ることから始めた。そのチラシにはリッチツアーズが旅行商品の訪問販売を始めることの案内といくつかのパッケージツアー商品の紹介を載せていた。そして、後日、スタッフと手分けして、チラシの配布先を一軒一軒訪問したが、まったく受注がとれなかった。

ロパスの店舗は知っていても、リッチツアーズという社名や旅行代理店がロパスの店内にあることも知られていなかったからである。そのような状況で、チラシを見ている人はほとんどおらず、旅行の訪問販売というスタイルも違和感を与え、インターホン越しに断られるのがほとんどであった。

それでもリッチツアーズを利用したことがある人や旅行好きな人の中には話を聞いてくれる人がいたが、大抵は「家族と相談する」とか「検討してみる」といわれて、後で再訪問すると、「やっぱりやめる」という返事しかもらえなかった。

結果を求められている平塚店長は必死だった。彼は芦屋店に来る前は、リッチツアーズ本部で団体旅行などの**法人営業**を行っていたが、法人営業と個人客へのアウトドアセールスとでは勝手が違っていた。

法人営業では、新規の企業や機関のキーパーソンをうまく探って、その人との接触を絶やさないようにすることで、社員旅行や研修旅行の相談を呼び込むようにしていた。また、声をかけてくれた企業に対しては、その企業の要望を聞き取り、ポイントを外さないような旅行企画を立てて、提案することも重要であり、受注したら、添乗員として同行して、顧客の満足度を高めるための最大限の努力を払い、同時に、次の営業のための情報収集も怠らないようにすれば、競合企業に出し抜かれることはなかった。

法人営業

企業・法人を対象とする営業のこと。ホールセール事業で行う営業は、必然的に法人営業となる。それに対して、消費者を対象とする営業をあえていうならば、消費者営業となる。また、単に「セールス」という場合には、消費者営業であることが多い。それは、消費者へは製品やサービスの販売が中心になるためであり、法人営業では、販売だけで終わらず、顧客との関係維持や製品のカスタマイズに発展することが多いからである。

ところが、一般の個人客では、こうしたやり方は通用しなかった。そもそもパッケージツアーなので、顧客の要望にあわせて企画を作ることはなく、添乗員として関係を深める機会もなかった。そして、法人営業の場合は、社員旅行などに行く予定が決まっていることからスタートするのに対し、個人客へのセールスでは、旅行に行く予定にさせることが必要だった。

また、経験して初めてわかったのは、カウンターでの旅行商品の販売と訪問販売との間にも違いがあるということだった。カウンターでの接客は、旅行に行くことや日程が決まっている顧客が相談にやってくるので、担当者は、自分の専門知識を使って、顧客の課題を解決してあげることで注文がとれた。

ところが訪問営業では、訪問先が旅行に行くかどうかも決まっていない段階からスタートするため、最初のきっかけが難しかった。「旅行がしたい」と初対面の人にいわせるのは簡単なことではないが、そういってもらわないと、話が続かず、旅行商品も紹介できない。これはカウンターでは遭遇しない問題であった。

また、顧客がこれから気持ちを固めるプロセスに立ち会うため、旅行の目的や旅行先、時期までもが気まぐれに変わることがよく起こった。そのときカウンターで接客するときのように対応して、自分の専門知識の使い方を間違えると、相手と一緒になって迷路に入り込んだような状態になり、結局、話疲れて、「また考えておく」というういつものパターンに陥ってしまうのだった。

初めは「夫婦でのんびり」といわれて、山あいの静かな温泉地を紹介すると、「ほかにすることがない」とか「料理は海の幸の方が」という一言で、違う候補地を紹介することになり、いつのまにか初めの目的を忘れてしまっている。カウンターでは事前に各家庭で十分に迷った上でやってくるが、訪問営業では、そこに担当者側の専門知識が加わることで迷走がより大きくなってしまうのだった。だから、話がそれ始めるときは、違う候補をあげるのではなく、今話している場所の別の魅力を紹介するように自分の専門知識を使っていく必要があった。これもカウンターのときには、あまり考えなくてもよかったことだった。

平塚店長は、法人営業とカウンターセールスと個人客への訪問営業という3つの違いを整理しながら、この芦屋店でも1年間で成果を出すことが容易ではないと感じていた。他方で、こうした違いがみえてきたことは、大きな進歩であるという感触ももつことができた。問題解決の道筋がそこから導けることが、自分の経験上、わかっていたからである。

解説　エピソード4

消費者向けと法人向けの違い

営業をする相手が一般の消費者であるか、それとも企業であるかによって、営業の性格は大きく異なる。まず1つ目として、消費者の場合では、製品やサービスの必要性や購入の判断基準において、主観的な選好や情緒的で曖昧な価値観が大きく影響するため、営業では、その製品やサービスによってもたらされる価値や使用シーンを伝えることが重要になる。それに対して、企業顧客の場合には、製品やサービスの合理的な必要性があり、その選択基準も明確である上に、顧客に技術的な専門知識があって、製品を合理的に判断する傾向が強くなる。そのため、法人営業においては、製品の技術的な情報を提示することが重要になりやすい。

2つ目には、消費者が相手の場合では、同じ顧客が反復的に注文をすることも確かにあるが、1人あたりの購入額が限られるため、新規の顧客開拓が重要になりやすい。それに対して、企業との取引はいったん行われると、継続化しやすく、営業では、顧客との関係維持が重要な課題となりやすい。というのは、部品や原材料では、補充が必要であり、機械設備でも更新や他の機器への営業へと展開されるため、反復的な取引をめざした営業が基本となるからである。また、顧客との良好な関係を築くことで、顧客の抱える問題を知ることができ、それがより優れた問題解決の提案になるため、競合他社による参入を防ぐ条件にもなる。したがって、企業を対象とする営業では、新規顧客開拓が重要な場合もあるが、それ以上に既存顧客との関係維持が重視される。また、そのことから、技術系社員が問題解決に関与することも多くなる。

そして3つ目には、消費者への営業では、消費者個人の判断に働きかけることになるが、相手が企業のときは、しばしば部門の異なる複数の担当者と接触しなければならなかったり、営業で接触していない管理者が意思決定にかかわったりする場合がある。そのため、法人営業では、顧客の決定が組織で行われることを意識し、接触できる人や意思決定にかかわる人を考えて営業計画を練る必要がある。

第2章

セールスをする

エピソード5
顧客への気遣い

製薬企業、モガミ薬品の新人営業である西島氏は、長い新人研修を終えたのち、担当エリアの医療機関への訪問を始めた。製薬業界では、営業担当は**MR**と呼ばれている。医療機関に自社の医薬品の情報を提供することが主な仕事だ。そして経験と知識がまだまだ不足している新人時代は、開業医から担当するケースが多い。

ところが、西島氏は、医師たちに会って商品説明の時間をなかなか作れず、時間を作れてもうまく提案できず、上司にどうしたらよいかを相談した。

上司は、西島氏が担当する医師数名から彼の評判を聞いたところ、異口同音に、熱意は感じるものの礼儀や態度に問題があり、話しやすさ、依頼のしやすさに欠けるという。

そこで、上司は、どのような**コミュニケーション**をしているのか、西島氏に営業活動を再現させた。会話の導入段階は型どおりで、そつがない印象を

MR

MRとは、医薬情報担当者（medical representative）のことであり、医療関係者に対し医薬品の品質や安全性といった情報を提供することを主な仕事とする者をいう。

医師に情報を提供し、その使用された医薬品に副作用がなかったかなどの情報を収集することが重要な任務の１つである。したがって、ＭＲが製薬会社に所属しているからといって、営業を前面に押し出した活動とならないのが本来の業務である。しかし、日本では医薬品の営業担当者を単にＭＲと理解されていることが多い。

与えていたが、話が商品の説明に入ると、とたんに余裕がなくなり、一方的に話を進めようとする。

さらに、「弊社では、この製品の有効性を知っていただくために啓蒙活動に努めて参りましたが、このたび本格的な市場開拓の……」という言葉に上司は思わず反応し、話をさえぎった。

「啓蒙という意味をわかってるか。」

西島氏は、質問の意図がわからなかったため、「この表現は社内の説明文書から引っ張ってきたものです。この表現は会社の統一見解のようなものなので、自分で勝手にいじってはいけないと思いましたが……」と答えた。

「啓蒙というのは、無知な大衆を教え導くことだぞ。それをそのまま使う奴があるか。」と上司は厳しく言い放った。

西島氏は、ようやくその問題に気が付いた。業界大手のモガミ薬品という看板を背負っているという気概や町の小さな開業医を相手にすることから、知らず知らずのうちに、「上から目線」になっていて、説明表現の細部まで気を配っていなかった。いくら挨

コミュニケーション

コミュニケーションとは、言語的情報の伝達という意味のほか、表情やしぐさといった非言語的な情報も含んだ相互のやりとりをいう。

コミュニケーションに問題があるというとき、コミュニケーションの言語的情報の中身が適切でないと考えがちであるが、商品説明といった言語的情報がそつなく伝達されていたとしても、営業マンの顔つきが暗かったりすると、ネガティブな非言語情報も相手に伝わってしまうことがある。

例えば、営業マンが自信なさげに小さな声でプレゼンをしている場合、内容はしっかりしたものであっても、聞き手は不安を覚えてしまう。この営業マンを信頼してよいのか、といった疑念をもたれる可能性も出てくることになる。

聞き手は人間であるため、内容さえ正しければよいというものでなく、非言語的なコミュニケーションは、プレゼンの成否に大きく影響するため、注意が必要である。

拶や言葉遣いを丁寧にしても、そういう態度は、顧客にすぐわかってしまう。

また、研修中でも、ときどき「余裕がない」といわれた。余裕がないから、会社からの情報を咀嚼することなく、そのまま出してしまう傾向があった。心のどこかに、それで自分の責任を回避できると考えていたのかもしれない。しかし、そうしたミスは会社が責任をとってくれるわけではない。

西島氏は、意気消沈して、反省することしきりであった。しかしながら上司は、こうしたミスから営業としての重要なことを学び、成長していくことをむしろ期待していた。

解説 エピソード5

ノウハウを学ぶ能力

あなたが書店で営業に関する本を探していたとしよう。「買う気にさせるノウハウ」といったテーマの本が見つかった。あなたはぜひそのノウハウを手に入れたいと思うだろう。そして、さっそく自宅で読み通し、翌日から実践していこうと心に決めた。ところが、実際には効果が実感できない。あなたは頭を抱えてしまう。

このようなことが、世の中ではいたるところで起きている。いくらノウハウを本から手に入れたとしても、もしあなたの顔つきに自信が見られなかったら、目の前の顧客は買う気になるだろうか。あるいは、あなたの話し方が速すぎて、聞き取りにくいと顧客が感じてしまったら、あなたの話をもっと聞きたいと思うだろうか。

本に書かれた文字情報は、実際の営業場面において伝達されるすべての情報量と比べると、わずかにすぎない。例えば、成功者の話を聞いて、自分もその気になり、マネをしてみても結果はついてこない。その成功者とあなたとの諸条件が違いすぎるのである。つまり、表面的なノウハウをマネするのではなく、自分なりにしっかりと内容を理解し、自信をもって伝えなくては、相手も真剣に耳を傾けてはくれないだろう。

エピソードにあるような、話しやすさや依頼のしやすさに欠けるというのは、本人の気持ちに余裕がないことが多い。また余裕のなさは、勉強不足や思考訓練ができないといったことに起因するかもしれない。いずれにせよ、急にはどうすることもできない。成長する過程において、思考の幅を広げ、感情のコントロールを会得するしかないため、本人が自分から学んでいこうといった意識や姿勢が必要になる。

エピソード6

いいことしかいわない新人

F&Hフーズは全国の契約農家から野菜や肉といった新鮮な食材を取り寄せ、会員に宅配するサービスを展開している。近年の食に関する安全が注目される中、世間の評価の高まりに乗って急速に業績を伸ばした。

この4月に入社した新人、牧野氏22歳。大学新卒採用で営業部に配属された。彼の主要業務は新規会員の獲得のための訪問営業である。**コールセンター**が電話で各家庭にアポイントをとり、それに基づいてサンプルを持参し入会を勧めるスタイルである。3ヵ月間の研修後、牧野氏は独りで営業活動を開始する。彼は研修中で見た通りにすればよいと思っていた。

ある日、コールセンターから連絡が入り、見込み客に電話を入れた。アポイントがとれたので早速資料を揃え、研修で学んだことを整理する。そうして訪問当日を迎えた。

コールセンター

コールセンターとは、顧客に対し電話で業務対応を行う部門をいい、各種の問い合わせを受け付ける窓口として機能する。すなわち、顧客からの問い合わせの窓口をより発展させ、規模を大きくしたものが、コールセンターになる。

以前は、苦情の受付や顧客からのさまざまな問い合わせに対応するインバウンド業務が中心であったが、最近では、顧客との電話での対応から顧客の需要情報をつかみ、それに基づいて、新規顧客開拓に結び付けるアウトバウンド機能も重視されている。それゆえコールセンターと営業との連携が重要な課題になってきている。

訪問先は橋本家、初老の夫婦2人暮らし。牧野氏は約束の時間にドアのベルを鳴らした。中から奥さんが出てきた。玄関で名刺を差し出し、パンフレットを取り出した。2人はパンフレットをはさんで玄関に座り込み、牧野氏は説明を始めた。

橋本家では、最近、夫の体調を気づかっての自然食志向になっていた。以前にも他社のサービスをスポットで利用していた。F&Hフーズは食材が豊富であるという情報をすでにインターネット経由で知っていたので、その点について確認したいと思っていた。

牧野氏は研修で学んだとおり、パンフレットの流れに従って説明を始めた。食材の話に始まり、会員登録、支払い方法、ウェブサイトの利用方法、生産物の安全基準などである。しかし橋本さんは他社での利用経験があり、登録や支払い方法の流れは理解していた。それよりも他社との違いが知りたかった。一通りの説明を終えたとき、橋本さんは他社との差を尋ねた。

牧野氏は次のように答えた。F&Hフーズの特徴は全国の農家と契約し、特に野菜・果実を豊富に扱っており、年間を通じて厳選された食材

営業日報

営業日報とは、営業マンが毎日提出する報告書のことである。通常、営業マンは1人で行動するので、一日の内容を上司に伝えることになる。つまりは、本人と上司とのコミュニケーション・ツールである。

上司は日報から、部下に対するアドバイス内容を考えていく。そのアドバイスのタイミングがずれてしまうと、効果は期待できない。したがって、部下の成長のためには、上司も日々日報から指導方法を考えていかねばならない。

最近では日報もIT化し、情報共有が可能になってきた。すると、営業マン同士でも共有でき、相互に問題点を発見したり、アドバイスしたりできる環境が手に入ることになる。ただし、日報を書く側に、日報を通じて学習しようとする意欲がなければ意味はない。

を提供するのが魅力であるという。確かに橋本さんは野菜・果実に関する他社サービスに必ずしも満足してはいなかった。なぜなら天候次第で欠品状態になることが何度かあったからである。

牧野氏は橋本家のニーズが野菜や果実にあると気づき、さらにF&Hフーズのメリットを強調した。年間をとおして安定的に提供されるので、きっと満足していただけるとつけ加えた。橋本さんは数日考えさせてほしいということで、この訪問は終わった。牧

クロージング

クロージングとは、商談の最終局面で、買い手が購入の決定をする段階をいう。営業活動のプロセスとしては、まず、アポイントから始まりアプローチ、プレゼンテーション、そしてクロージングとなる。

クロージングでは、買い手が購入しようか迷っていることも多く、その場合営業マンは決断を促すように工夫が必要となる。例えば、契約書を提示するとき、そっとペンを横に置いてサインを訴求するといった具合である。

クロージングでは「買ってください」という意図を明確に伝えることが大事である。単にプレゼンテーションでの商品説明で終わっては営業したことにならない。

しかしながら、そのクロージングがうまくできない営業マンが多いことも確かである。特に自社製品に自信がないと「買ってください」という意図を伝えられず、クロージングに至らないことが起こる。

ロールプレイ（ロールプレイング）

ロールプレイとは、ある場面を想定し、そこに参加している人々が現実に起こるであろう役割を演じるものである。営業の場合は、１人が営業マン、もう１人が顧客となって演技するのが一般的である。

教育の目的で用いられることが多く、ロールプレイで疑似体験を積んでおき、その後実際の現場にスムーズに入っていける効果が期待されている。何度も反復的にトレーニングをして、現場での理想的な対応を試みる。

ロールプレイは、疑似体験で学ぶことであるために、うわべだけの演技では効果は期待できず、また、現場で起こり得るさまざまな状況を想定することが重要になる。

野氏はていねいに挨拶をして橋本家をあとにした。それなりの感触を得た牧野氏は、**営業日報**に確度ランクAと記入した。

この案件の報告を受けた上司は、本当にランクAなのか疑問に思った。上司の経験では、ある程度信頼関係ができるまでアイスブレイクの話題提供をするか、相手の関心が高まるまで**クロージング**はしない。まして実際には天候により欠品することもあるので、安定供給を絶対に約束はできない。「いいことしかいわない営業マン」に映るだろうと思った。

その頃、橋本さんは、ほかにも同様のサービスを提供する企業がないか、ネットで検索を始めた。結果、橋本さんは他社に流れた。牧野氏は猛反省し、自分のセールス展開の見直しのため、上司と**ロールプレイ**を始めた。上司もこのきっかけから彼に伸びてほしいと思った。

解説　エピソード6

イニシャルコンタクトと事前準備

このエピソードにあるように、いいことしかいわない営業マンというのは信頼されるであろうか。そもそもメリットだけの案件というのは無理があり、顧客は、そこに不信感をもつ可能性がある。

信頼を構築する上で、イニシャルコンタクトは非常に重要である。多くの場合、顧客は初対面の営業マンに警戒心をもっている。そこで、多少時間をかけても信頼関係をつくり、関心をもってもらった上で提案をする。それならば、ランクAの確度になることも可能であろうが、イニシャルコンタクトの段階で信頼関係ができたと判断してしまうとすれば、その判断には甘さがある。

では、なぜこのエピソードの牧野氏は、このような甘い判断をしてしまったのか。その原因の1つは、彼の事前準備が不足しており、特に、ターゲットのイメージをつかんでおくことと、そのターゲットがどうすれば高い満足を得られるかを事前によく考えていなかったことがある。誰でもいいから買ってもらおう、というのは結局、誰からも相手にされないことになりかねない。

営業にとって事前準備は重要である。言い換えれば、セールスをする前に成否が決まるといってよい。この事前準備を進めていく中で、顧客ニーズ、つまり課題がどのように存在しているかが見えてきて、その課題を解決するソリューションの提案につながっていく。そのように事前準備から始まってソリューションの提案に至る一連のプロセスをイメージできることがまず重要である。

エピソード7

スマートな営業ができない

世界的な高級車ブランド「パレイス」のディーラーの営業マンである横田氏は、新卒で入社してから4年が経とうとしていたが、**営業成績**が思うように伸びず、悩んでいた。そこで上司に相談すると、上司からのアドバイスは意外なものだった。

「もっとスマートに動いてみたら。」上司は、横田氏の日頃の仕事ぶりや壁にぶつかっているさまを見て、少し実直すぎて、そのことが顧客に歓迎されていないことを感じていたのだ。「例えば、彼のああしたやり方はどう思う。」と、ショールームのデスクで顧客と商談をしている館山氏の方を見ながらいった。

横田氏は、商談するときは顧客の都合を最優先に考えるため、ショールームに来てもらうということは念頭になかったことである。だから、今の館山氏の状況も、たまたま顧客がこちらに来る用事があったので、

営業成績

営業成績とは、営業の結果のことであり、受注件数や販売額などの評価である。しかしながら、結果を出そうとするなら、そのプロセスを良いものにしていく必要がある。

プロセスに関しては、効率性を高めることが重要になってくる。1人の顧客に長々と無駄な時間を費やしてしまうと、期待通りの結果にはならないだろう。時間との勝負ともいえる。一定時間内にどれだけの見込み客と会えるか、ということになってくる。そうなると、スケジュールの管理、資料の準備といった、日々のプロセスが大事になってくる。

ショールームで商談となったのだろうと思っていた。しかも、ショールームで仕事をすれば、いかにも懸命に働いているというポーズを上司に見せるという打算もあるとうがった見方もしたが、それは口に出さなかった。実は横田氏にとっての悩みのタネは、同期入社の館山氏の要領の良すぎる行動にもあった。横山氏は、館山氏よりも仕事に真剣に取り組んでいるという自負があったが、営業成績では、最近は館山氏の方がよいことが多かった。

「館山は手抜きをしているようにみえるかもしれないが、来ていただいた方がお客様にも都合がよいことが多い。しかし、お客様は来てくださいといわれたから来るというものでもない。彼はここに呼ぶためにいろいろ考えたんだろうね。そういうことを考えるのがスマートにするということだよ。」

横田氏は上司にそういわれて、自分の普段の行動を振り返った。彼は、商談や書類を作成するために顧客にわざわざ足を運んでもらうのは、顧客にとっての負担でしかないと思い込んでいた。顧客をショールームに呼べば、効率的に営業ができるということは頭では

紹介

人に紹介してもらえるというのは、それなりの信頼を得ているからである。信頼できない人を、人は紹介しない。営業マンが紹介してもらえるというのは、そこに信頼関係が構築されているからである。

もし、ある人物が営業マンを知人に紹介したとする。その営業マンが要領が悪い人物であると、紹介された方は迷惑になる。そうなると、紹介した方も面目がたたない。つまり、紹介というのは人間関係のリスクが伴うのである。下手に営業マンを紹介して、これまでの人間関係を壊されてしまうと、元も子もない。

その点を踏まえた上で、紹介してもらえる営業マンは、効率的な営業が可能になる。ゼロから信頼を作り上げていくよりも早く、紹介では信頼関係を構築しやすい。なぜなら、紹介した人物の影響力があるためである。紹介をしてもらえない営業マンは、効率が悪くなり、結局、成績が伸び悩むことになる。

わかっていたが、それは自分の都合を顧客に押しつけることで、顧客を第一に考えるなら、たとえ効率が悪くても顧客のもとに足を運ぶべきと思っていた。

しかし、改めて考えてみれば、顧客のもとに訪問するためには、顧客との訪問日時の調整に結構な手間と時間がかかってしまうことが多かった。しかも、顧客にとっても、疑問がその場で解決できなかったりすることもあり、何度も足を運ばないといけないこともあった。それは営業だけの負担ではなく、顧客にとっても良いことではなかった。

顧客が別の顧客を紹介するとしても、スマートに処理できない営業マンは**紹介**しにくい。だから、こういう顧客のもとにすぐに行ってしまう営業は、他の顧客を紹介してもらえず、営業成績が伸び悩むことになる。上司にそういわれて、横田氏は、顧客のためにかける時間は、すべて意味のある時間だと信じて疑わなかったことに気が付いた。また同時に、顧客に来てもらうためには、自分は何をすべきなのかを考え始めたら、何となく出口を見つけられそうな気がしてきた。

解説　エピソード7
スマートな営業の重要性

営業の効率性を上げていくには、短時間で一定の仕事量をこなしていくことになる。営業活動の中で、特に時間を必要とするのが、人間関係の構築である。相手から信頼されると、提案は通りやすくなる。しかし、信頼の構築は一筋縄ではいかない。そこで、1つの考え方として、紹介してもらえる営業マンになるということがある。紹介をしてもらえると、効率的に次のステップに進みやすい。しかし問題は、紹介してもらえるには、どうすればいいのか。

エピソードにあるように、1つはスマートさが大事である。顧客に負担をかけない工夫を考えていくことである。顧客も忙しい時間を割いて面談してくれているのであるから、もたついた印象を与えるのはよくない。物事をスピーディに処理できるスキルがあれば、ほかに紹介してもらえる可能性は広がる。

もちろん、拙速は許されないため、充実した提案の内容が前提として重要になる。顧客の課題に対し、真剣に取り組んでソリューションを提示すること。それが、お粗末な内容であれば、それまでになってしまい、紹介を獲得するのは困難である。

さらに、準備も重要である。チャンス到来の際、素早く反応できるために事前の準備が不可欠になる。その準備を効率よく行うためには、すべて1人で準備するのではなく、チーム体制を確立しておくことも大事である。顧客データの分析やアフターフォローは、営業マンにとって負担が大きいからである。しかも、チームで対応すれば、営業の思い込みでアプローチを間違える危険性を少なくできる。

エピソード8

顧客ニーズの収集と提案

三国氏は都内の銀行に勤める新人で、窓口営業を担当する。今日は上司たちとのロールプレイのトレーニングがある。三国氏が窓口担当、上司2名が来店客である。2人は住宅ローンの説明を求めた。この2人の設定プロフィールは次のとおりである。

世帯主：保雄（35歳）、妻：聡子（34歳）。保雄は外資系生保営業マン。聡子は美容室のオーナー。2人の趣味は海外旅行。結婚3年目になる。来店のニーズとしては、現在住んでいるマンションを引き払い、一戸建てを購入するかどうかであった。

これらのプロフィールを三国氏は知らない。その状態でのロールプレイである。現場を想定してのトレーニングであり、通常の窓口業務の場合、事前にどのようなニーズがあるのか、知らないことが多いからだ。

顧客情報

顧客情報とは、顧客に関する氏名や年齢などの情報をいう。特に、既存顧客情報は、これまでの販売歴まで記録されているので、そのような属性の顧客に、どのようなニーズがあったのかを発見できる可能性がある。

過去のデータを調査すると、顧客の年齢や収入によって、おおよそのパターンがつかめる。つまり、一定の顧客属性において、よく似たニーズを発見できることになる。それを知識としてもっていると、新規顧客に対しても提案がしやすくなる。途中の修正もしやすい。したがって、顧客に対して事前のヒアリングが重要になってくるのである。

机を挟んで三国氏は2人を迎えた。ロールプレイが開始された。三国氏「いらっしゃいませ。本日はどのようなご用件でしょうか？」と尋ねた。保雄は住宅ローンのことを聞きたいといった。三国氏はパンフレットを取り出し、説明を始めた。一通りの説明を聞いた2人は顔を見合わせ、あまり関心がないようであった。まもなく席を立っていった。

一連のやりとりを見ていたトレーナーは、三国氏に尋ねた。来店客の名前、年齢、職業、住所、そして顧客ニーズ。三国氏は、何も来店客のことを理解していなかった。来店客のプロフィールを知らないまま商品説明をしたのである。トレーナーは、もっと**顧客情報**を収集することを考えること、そうアドバイスした。顧客ニーズをわかっていないと提案のピントがずれるのだという。そのためには、もっと質問を取り入れることが重要だと付け加えた。

今回のロールプレイ設定では、妻の聡子が34歳で、美容室のオーナーであった。20代の新婚夫婦とは異なるニーズをもっていると考えられる。顧客属性を知らないままだと、提案営業にはならないとトレーナーはしめくくった。

次に保雄、聡子役の2人からのコメントを聞く。担当者から質問がなかったので、自分たちに関心がないことがわかったと2人はいった。彼らのニーズは、

ラポール形成

ラポールとは、お互いの信頼関係をさす。特に、心理カウンセリングの場合、クライアントとのラポールが十分に形成されていなければ、よいカウンセリングができないといわれている。クライアントが本音をいわないからである。

同様に、営業マンと顧客の間でも、ラポール形成が不十分だと顧客は本音をいわない。そうなると、ソリューション提供がうまくいかないことになる。

ラポール形成のためには、相手を尊重することが重要である。むやみに相手の意見に反論してしまうと、相手は心を閉ざしてしまい、その後の話し合いは難航するであろう。

生活環境をマンション型から一戸建て型に変えた場合、当行の住宅ローンがどのようにメリットになるのかを知りたかった。それを知らずに、三国氏はパンフレットに記載されている情報程度しか伝えなかった。話がかみ合わず、2人は当行の住宅ローンを利用したいとは思えなかった。

トレーナーは、三国氏の**ラポール形成**に問題があったと指摘した。顧客は、担当者が信頼できるかどうかを常にチェックしている。マニュアル的な対応しかできない担当者に対し、顧客はより深い提案を求めない。ラポール形成には相手のプロフィールを知り、そこから話を膨らませていくより他はない。もちろん「尋問」はいけない。顧客のもつ夢や理想を実現するための提案をする必要がある。そのためのコミュニケーション力が求められる。三国氏はこれまでの考え方を変える必要性を痛感した。

解説 エピソード8
顧客属性データの有用性

顧客ニーズに見合った商品やサービスを提案しようとするとき、その顧客が何を考えているのか知りたくなる。しかし、その考えは言葉にしてもらわないと把握できない。難しいのは、顧客は何でも正直に口にするとは限らないことである。もちろん、本人に自覚のないニーズを言葉にすることはできない。顧客のニーズを知ること自体、ハードルが高いのである。

そこで、手がかりになるのが顧客属性である。年齢や職業、収入、住所、家族構成といったもので、ある程度の絞り込みが可能になる。もちろん、そうした属性から完全に顧客のニーズを知り得るわけではないが、おおよその見当はつけられる。もし、修正が必要なら、切り替えるヒントにもなる。

過去の顧客情報は重要だ。これまで、どういった属性の顧客がどのような商品を購入したか。そのようなデータがあると、提案が非常に楽になるであろう。逆にデータがない状態での提案は、途方に暮れることが多い。

提案をする前に、顧客がどのような属性なのか、まずヒアリングをしなくてはならない。特に家族構成が違うと、ニーズも異なる。例えば、独身者ならば2人乗りのスポーツカーを購入してもよさそうだ。しかし、妻と子供2人の家族であれば、そのスポーツカーを勧めてもピント外れになる。あるいは年収がわかれば、求められる価格帯は違ってくる。高収入の顧客であれば、ハイクラスの商品提案になる。そうした提案の方向性を定めるために、顧客属性の事前ヒアリングが有効である。ただし、顧客属性を念頭に置いてヒアリングをしなければならないが、その顧客属性の先入観に囚われてもいけない。顧客のニーズを事前に決めつけてしまうと、その先には行けず、ヒアリングも失敗してしまう。

エピソード9

クロージングを焦って失敗

ライフ&ライフ生命の新人、丹波氏は入社後1ヵ月の研修を終え、営業を開始した。始めの見込み客10人ほどは、知人をたずねての営業だったので、それなりの成約を獲得できた。しかし、それからが大変である。次からは面識のない紹介客へのアプローチとなる。したがって、個人的な影響力は通用しない。

そのような状況で、丹波氏は、友人の紹介で篠山夫妻と面談した。篠山夫妻は50代の夫婦で、子供たちはすでに成人し、今後の保険プランを見直したいというニーズがあった。

丹波氏は篠山家を訪問した。駅から徒歩10分の住宅地に立地の一戸建てである。この2人の年齢等については事前に聞いていたので、コンピューターでシミュレーションを済まし、複数の企画書を持参した。

さて、篠山家に到着しリビングに通された。まずは自己紹介、そしてアイスブレイクで場を和ませてから、本題に入る。この辺りは**営業マニュアル**のとおりである。マニュアル的には、次は実情調査。篠山家のニーズを明らかにする作業だ。現在どれくらいの生活費を必要としており、万が一の場合、今後どれくらいの生活費が必要かを確認するステージである。

丹波氏はすでにシミュレーションをしているので、おおよその金額はつかんでいた。「現在の生活費はこれくらいですね」と聞くと、ご夫婦は「はい」と答える。丹波氏は続ける。「すると万が一のときにはこれくらいの保障が必要だと思われませんか?」と聞くと、「そうですね」と答える。さらに丹波氏が「奥さまは何かご不安な点がございますか?」とたずねると、「いいえ」と答える。夫婦ともに特に疑問はないようであった。実にテンポよく話は進んでいった。

丹波氏は必要な情報を入手したので、今度は、パソコンを机の上に置き、データを入力して**商品設計**に入った。

まず主契約として夫の終身保険を設定し、夫婦の医療保険をオプションに加えた。このとき、終身保険と掛け捨て型の定期保険の違いを図で丁寧に説明した。そして、医療保険やガン保険の説明、介護保険の案内も行った。篠山夫妻は熱心に聞き入っていた。

丹波氏は、いい感触だと感じた。マニュアル的にはいったん時間をおいて、社に戻って契約書を作成して再訪問という流れになる。

営業マニュアル

営業マニュアルとは、特に新人に対して提供される、営業活動に関する一連の手引書をいう。内容としては、業界の一般常識から、顧客へのアプローチ方法、商品内容、そしてセールストーク集なども含まれることが多い。

しかし、現実的には必ずしもマニュアル通りにいかない場面が多々ある。その点は、上司との情報共有が求められる。過去にどのようなケースがあったのか、マニュアルには記載されていない情報を共有してもらうことになる。過去の成功事例や失敗事例のデータがあれば、新人のトレーニングに役立つであろう。

新人時代にある程度のレベルでマニュアルを理解していれば、その後は独自の方法に展開していくことが容易になっていく。最初から独自の方法で行ってしまうと、上司からのアドバイスを受けにくくなる、あるいは修正をどこからすればよいか判断もつかなくなってしまうであろう。

しかし、他の先輩たちの話を思い出すと、一気にクロージングをかけた方がいいという意見もあった。途中で時間をおくと、見込み客の気が変わるからだという。それは避けたいと思ったので、丹波氏は一気にクロージングをかけることにした。契約書は手書き記入の用紙があるので、この場でも作成が可能だった。

丹波氏は次のように切り出した。「篠山さま、それではこのように安心の形が見えてきたと思いますので、いかがでしょうか？」といいつつ、申込書を指し示し、ペンをテーブルの上に置いた。

篠山夫妻はびっくりした。今日会ったばかりの営業マンの話で、申し込みにサインするとは考えていなかった。その後しばらく丹波氏はねばってみたが、「もう少し考えてみます」ということで、その日は成約には至らなかった。

篠山夫妻は、丹波氏の強引な進め方に抵抗感を感じた。もっとじっくりと考えたかったし、丹波氏の人柄も確認してから、今後の話を進めようと思っていた。しかしその強引なセールスを見て、夫妻は丹波氏の話をもう聞きたいとは思わなかった。むしろ、ある程度の保険知識が得られたので、後日、他の保険会社のセールスマンとはスムーズに話が進んだ。篠山夫妻は、ライバル会社と成約した。

丹波氏はフォローアップのため、篠山夫妻に連絡を入れたところ、手遅れであった。

商品設計

一般に商品設計とは、技術者が商品の設計図面上で行う作業であるが、営業が顧客のニーズにあわせて商品をカスタマイズする場合もある。例えば、生命保険の場合、顧客属性をパソコンに入力すると、その顧客属性に対応した商品設計を出力することできるようになっていれば、顧客属性を知ることで、ニーズに見合った提案が可能になる。ただし、顧客属性だけで自動的に最適な商品が設計できるわけではなく、その前提として、顧客がどのような問題の解決を望んでいるのかを知ることが重要になる。

丹波氏はがっかりした。そしてこの話を上司にしたところ、次のようなアドバスがあった。とにかく、お客様には十分に考える時間を与えること。自分たちで考えて納得したものでないと、高額商品は買ってはくれないからだ。今回、丹波氏は大いに反省した。

解説　エピソード9

クロージングのタイミング

クロージングは、セールスプロセスの最終段階である。顧客に購入の決断を訴求するステージとなる。そのタイミングをどうするか、いくつかの考え方がある。

1つは、エピソードにもあるように、顧客の気が変わらないうちにクロージングをするというものである。しかしながら、これは後になってからキャンセルされる可能性も高い。そのときは、顧客は買う気になっていても、1日経つと気が変わってキャンセルになることがある。特に、クーリングオフがある商品の場合、簡単にキャンセルができるので、この方法はリスクが高い。

もう1つは、クロージングは別の日に改めて行うというもの。当日は商品説明までを行い、契約は後日に設定する。その間に、本当に購入するかどうか決断してもらう方法である。この場合は、キャンセルになる可能性は低い。

特に高額商品の場合、顧客は慎重に商品を吟味してから判断する。じっくり考える時間が必要である。さもないと、エピソードにあるような強引な営業の場合、顧客の反発心を起こしてしまう。そもそも人は、強引な誘導や束縛を好まないので、心理的な反発を覚えてしまうと、提案は通らなくなる。

営業マンにしてみれば、目の前の顧客から成約をとりたいという焦りはある。しかし、そこで焦ってしまうと、結局失敗する。相手の反発や警戒を高めないクロージングのタイミングが求められる。これはケースバイケースの問題になるため、唯一の正解があるわけではなく、そのタイミングが判断できる能力を高めることが重要になってくる。

エピソード10

マニュアルのようにはいかない

渋谷氏は、ブレーカー等の省電力用電子機器を製造販売する中小企業の営業マンである。今年で5年目である。先の営業会議では、本年度採用の3人の新人に対し、営業マニュアルを配布して教育するという決定がなされた。そのマニュアルの整理を渋谷氏が担当することになった。彼の成績はこれまで順調で、いくつもの成功事例を知っているのでその役割が回ってきた。

渋谷氏は書店で営業関係の本を購入し、マニュアル作りに役立ちそうな情報入手を始めた。渋谷氏のまとめた4つの概要は以下のとおりである。

(1) 基本セールストーク

新人を対象としたマニュアルなので、電話でのアポイントの取り方、名刺の交換、自己紹介の方法からまとめていった。そして、セールスプロセスとしての、ヒアリング、プレゼン、クロージングといった段階ごとのトークを整理した。

(2) 応酬話法の事例

商談の流れが必ずしも思い通りに進むとは限らない。顧客から、価格面やサービス面でネガティブなコメントを受けることもある。その際、いかに切り返すかが重要になる。決して相手の気持ちを害してはいけない。**Yes-But法**や**ブーメラン話法**など掲載した。

（3）ライバル商品との比較トーク

渋谷氏はこれまで熱心にライバル商品のスペック（仕様）情報を入手していたので、この点はスムーズにまとめられた。自社が省電力用機器を主力商品としているので、ライバルよりもメリットを訴求するポイントは熟知していた。

（4）導入事例

入社して5年、渋谷氏は担当エリアに恵まれ、それなりの導入実績を作ってきた。自身の経験に先輩方の事例も加え、いくつかの典型的な事例を掲載した。渋谷氏の必勝パター

Yes-But法

Yes-But法とは、セールストークにおける応酬話法の1つである。それは、相手の意見に対してはまずYESといって受け入れる態度を示す。いきなり否定してしまうと、相手は心を閉ざしてしまう可能性があるからだ。そして、もし相手の意見に反論するなら、YESの後に行う。

例えば、「なるほど、おっしゃるとおりですね（YES)、しかし（BUT）……」という具合である。いったん相手の言い分を受け入れるので、相手に対してソフトな対応が可能になる。

ブーメラン話法

ブーメラン話法は、セールストークにおける応酬話法の1つである。相手がネガティブな反応をした場合、それをいったん受け入れて、「だからこそ必要」という論理でトークを展開していく方法である。

Yes-But法と同じ部分は、まず相手の意見を受け入れる点である。異なるのは、BUTで反論するのではなく、だからこそこの提案をしているという流れにもっていく点である。

例えば、相手が「価格が高いなあ」といった場合、「はい、そのとおりです。だからこそ、高品質を保障できるのです。」という具合である。つまり、相手のネガティブな思考をポジティブに切り替える方法である。ただし、この方法はレベルが高いので、それなりのトレーニングを積んでおく必要がある。

ンの文章化は難しいので、その点は大まかな流れを記入した。

このように新しく営業マニュアルが整理された。今年は3人の新人が営業に配属。それぞれにマニュアルは配布され、研修が行われた。渋谷氏も、本マニュアルが活かされ、新人たちが成長してくれたらと期待を膨らませた。

しかし、そのマニュアルはうまく機能しなかった。3人の新人は健闘したが、成果を出せず数ヵ月を過ごした。渋谷氏は不思議に思った。

その後、何度も営業会議をするうちに原因が見えてきた。「失敗事例」の項目がマニュアルになく、その情報共有が機能していなかったのである。新人たちはどのような流れになると失敗するのか、その兆候を知らずに過ごしてきた。そのため、途中で軌道修正をすることなく、彼ら自身が失敗事例を量産してしまった。

渋谷氏は大いに反省し、すぐに失敗事例を収集し追加記載した。修正版マニュアルの完成は、新人入社後10ヵ月であった。その結果、新人たちのパフォーマンスは向上した。渋谷氏が胸をなでおろすまでには、あと半年の時間が必要であった。

解説 エピソード10

説得コミュニケーションとは

説得コミュニケーションは、セールストークの中で避けては通れない。もし、初めから相手に購入意思があり、商品説明だけすればいいのであれば、それは楽な話である。そこに説得は必要ないからだ。説得が必要なときとは、相手が購入の判断がつかない場合である。相手は何らかのネガティブ要因なり、不明瞭な点があり、判断できずにいる。すると、口からは「価格が高い」「今すぐ必要はない」といった言い訳の言葉が出てくる。その言葉は必ずしも顧客の真意ではなく、漠然とした疑念や警戒が表出している場合も多いため、その言葉に対してどう反応するかが重要なポイントとなる。相手のネガティブな意見を受け入れるだけでは話が進まないので、そこで応酬話法が求められる。

セールストークは、あらかじめ台本のようなものがあり、それを利用してトレーニングするのが一般的である。その台本をスクリプトと呼ぶ。スクリプトの流れ通りにいけば、セールスは成功するのであるが、そのとおりにならないケースも多い。その際、先述した応酬話法が活用される。

さて、どんなときにどのスクリプトを活用すればよいか。そのまえにセールスの状況を正しく理解することが重要になる。セールスの状況についての知識はセールスの宣言型知識と呼ばれる。その知識を学ぶことで各状況にふさわしいセールストークが可能になる。

次に、ある特定の状況で、何をどの順番で行えばよいかという営業ノウハウにかかわる知識が必要となる。それをセールスの手続型知識という。この手続型知識を豊かにするのが、先のスクリプトである。例えば、優秀な成績の営業マンがどのようなスクリプトを利用しているかを研究することで、他の営業マンへの適用が可能となり、営業部門全体のレベルアップが期待できる。したがって、宣言型知識と手続型知識をともに学ぶことが、セールストークでは重要である。

第3章

信頼関係をつくる

エピソード11

信頼を失った理由

合田氏は、中堅食品卸売企業のヤマオカ商事の営業マンとして、加工食品を小売チェーンに卸す業務を担当して2年目である。合田氏は新人時代に顧客を怒らせてしまった苦い経験があった。

それは配送センターに変更の連絡が届いていなかったために、納品時間帯がずれて、顧客に迷惑をかけてしまったのだ。しかも、すぐにお詫びにかけつけたものの、原因が明らかに配送センターの不手際にあったことから、自分としてはやるべきことをやっていたことを顧客に理解してもらおうと焦るあまり、こうなった理由や弁解を述べて、自分は悪くないという態度が言葉の端々に出ていたことに気が付かなかった。

そうした態度に顧客は「お詫びの仕方も知らないのか」と怒りだした。さらに、合田氏は「私の言い方が適切でないとすれば、お詫びします」と、こうした状況では口にすべきではない「条件付きの謝罪」をしてしまったために、火に油を注ぐ事態となってしまった。合田氏は上司と改めて謝罪に行ったものの、結局、その顧客担当から外されてしまった。

それ以来、合田氏は、営業活動では、自分は会社を代表して顧客に接することになるということを深く心に刻み、自分を正当化するようなことは絶対にしないと決めていた。そのことで、合田氏は一段階成長し、むしろ、ミスが発生しても、その顧客にその場での対応力を評価されることさえ経験することができた。

そんな状況で事件が起きた。その事件は、東京に珍しく大雪が降り、配送センターが大混乱していたときに起こった。配送センターでは、メーカーの工場からの入荷が遅れがちで、人海戦術を一部に併用してイレギュラーな手続きが入ることになり、応援に駆けつけたスタッフも不慣れということも重なり、普段のシステムでは起こり得るはずのない、入荷・出荷の際の検品漏れが起きていた。

何とか納期に間に合うように納品でき、合田氏はほっと胸をなで下ろしたのもつかのま、その検品漏れのために彼の担当する顧客において、納品数量が合わないというミスが発生した。すぐに追加の納品を行ったものの、顧客の開店後に陳列作業を行うことで、顧客に迷惑をかけてしまった。

合田氏は、すぐに顧客のもとに訪れ、今回の件についてひたすら謝った。そのとき、彼は過去の苦い経験から、一切、天候や配送センターの不手際を口実にすることなく、顧客の担当者の怒りが収まるまで、相手の言い分を受け止め、繰り返し謝罪した。その一件以降、顧客は合田氏に対して冷ややかな対応をとるようになり、発注量が瞬く間に減少していった。合田氏は、やはり納品ミスが原因だと思い、本社にもそのような配送ミスが起きないように要望を出し、今回のことは仕方がないと考えていた。しかし、のちにその顧客と接した上司から顧客の不満は別のところにあったことを聞き、彼は驚愕することになる。

合田氏が何度も頭を下げている間、顧客の担当者は、「どうしてこういうミスを起きたのか」「このミスは防げなかったのか」ということを厳しい口調で問いただしていた。それを彼は、ミスを非難する言葉として受け止め、そのたびに自分のミスとして「まことに申し訳ありません」「もう二度とこういうことは起きないようにします」と頭を下げ、謝罪の気持ちを表そうと努めた。

ところが、顧客は、非難するとともに、天候が悪いときにはこうしたミスが起きるのかどうか、またそれを防ぐために、今後はどのような対応をとるのかについて不安を覚え、その具体的な情報も欲しがっていたのである。それに対して、反省と改善に努めるという努力の意向しか示さないため、合田氏の態度に不満をもち、彼があまり頼りにならないと感じてしまったのである。

合田氏は、弁解や理由をいってはならないケースといわなければならないケースがあることを知り、営業の難しさを実感した。と同時に、今回のことで、彼は2つの大事なことを学んだ。

1つは、顧客の期待するものを理解するというのは、商品やサービスに限ったことではなく、こうした言動においてもあてはまり、顧客のサインを常に理解できるように、それを知覚するアンテナの感度を高めることが大事だということである。

そして、もう1つは、謝罪の局面のように、顧客に対話の主導権があるときほど、こちらに余裕がなくなり、思い込みから抜け出せなくなるということである。しかし、そういう相手に合わせなければばいけないときこそ、思い込みで行動するのではなく、相手の気持ちを正確に捉えるように努めないといけないはずである。

解説 エピソード11

顧客に信頼されるとは

営業で顧客との関係を維持する場合はもちろんのこと、新規の顧客開拓においても、顧客との信頼関係を作ることは、最も重要な仕事になる。通常、この「信頼」には、2つの意味が含まれている。

1つは「誠実である」「うそをいわない」という意味での情報の信頼性である。取引をしてもらいたいあまり、顧客に虚偽や誇張といった不正確な情報を伝えたり、内容をわざと曖昧にぼやかしたりする行為をすれば、信頼を失うのは明白である。あるいは、価格交渉において、値段を下げないようにするために、例えば、在庫に限りがあるというように売り手が有利であるかのように装うことも、不正確な情報をもたらしていることになる。

ただし、情報をすべてさらけ出すことが正確で、情報を抑えることが不正確というわけではない。例えば、自己弁護のような相手の利益とは無関係の話題で、交渉の焦点を曖昧にしてしまうのは、情報の信頼性を損なう。エピソードの合田氏が弁解を避けようとしたのは、情報の点で誠実に振る舞おうとしたと理解できる。

もし常に正確で的確な情報をもたらすという信頼があるとすれば、顧客は、営業のいうことを疑心暗鬼にならずに聞くことができるため、営業は、より多くの情報を顧客に伝えることができる。しかも、お互いが交渉のテクニックを使わずに情報をフランクに交換できるので、営業としても、顧客の抱えている問題を聞くことができるようになる。そうなれば、顧客の隠れた問題を解決することで、いっそう、顧客が満足し、強い絆をもつことができる。

もう1つの信頼は、「期待を裏切らない」「頼りになる」という意味での行為の信頼性である。取引において、顧客の期待通りのことをいつも営業がしてくれるとき、行為の信頼性が形成される。それに対して、このエピソードのように、顧客の期待していたものとは違うことしかできなかったときには、信頼を失うことになる。

この行為の信頼性は、製品の信頼性と同じような意味で使う。製品の品質や性能が高いことによって信頼を確保するのと同様に、顧客の期待する水準の行為ができるという高い問題解決能力が営業に求められるのである。

したがって、営業マンが単に誠実であるということでは、行為の信頼は形成できない。顧客に頼られるだけの問題解決能力を身に付けないと、この信頼関係は形成できないのである。このエピソードにしても、合田氏は、顧客に対して誠実に振る舞おうとして、弁解という自分の利害の情報を持ち出さないことで情報の信頼性を得ようとしたが、そのことが相手の問題解決能力に関する期待を裏切ってしまい、行為の信頼性を失うことになったのである。

営業では、情報と行為の2つの信頼関係を顧客との間に作る必要がある。どちらも重要であるが、行為の信頼性の方が問題解決能力とかかわるため、いっそう、ハードルが高いといえるだろう。

また、信頼関係を形成するためには、相応の努力の蓄積が必要となるため、多くの顧客に対して同じように高い信頼を得ることは、現実には難しい。とりわけ、行為の信頼性に関して、問題解決を示すための資源には限りがあるため、努力を払うべき相手の選択がどうしても必要になる。

エピソード12

引き合いをもたらすキーパーソン

堺氏は機械商社のナンバ機販に勤務する3年目の営業マンである。ナンバ機販の主力商材は部品の洗浄装置である。特に家電産業の部品メーカーとの取引が多く、ナンバ機販の製品は洗浄性能の高さを売りにしていたが、必ずしも知名度が高いとはいえなかった。

これまでに取引のなかった企業である深井機械から**引き合い**があった。ナンバ機販のウェブサイトを見て連絡してきた。堺氏は、電話でアポイントをとりつけた。そして、主力商品のパンフレットと仕様書一式をもって訪問することになった。

深井機械の応接室では2人の担当者が出迎えた。和泉課長と高石主任である。今回の引き合いの背景については、和泉課長から説明があった。現行の洗浄装置が老朽化したので、新しいものに買い替えたいという。もちろん他社と比較することは前提の話である。堺氏は、資料を取り出し、装

引き合い

引き合いとは、製品やサービスに関する見込み客からの問い合わせをいう。引き合いがあれば、営業マンはそれに応えていく。必要あれば訪問してプレゼンテーションをすることになる。

しかし、中には冷やかしの引き合いもある。購入する気がない客が、商品の内容だけを知りたい、価格だけを知りたいといったものである。その場合、営業マンは深入りしないことが大事である。判断を間違って、見込みありと思ってしまうと、ずるずると時間を費やしてしまうことになりかねない。その見極めが重要なのである。

置の説明を始めた。

そうするうちに、さっきまで黙っていた高石主任が口を開いた。メンテナンスに関する内容であった。しかも、細かい点まで踏み込んだ質問であった。現行装置はメンテナンスに手間がかかったので、新しい装置では苦労したくないという。堺氏は営業担当なので、メンテナンス作業をした経験がない。装置が組み立てられる現場をメーカーの工場見学で見た程度であった。堺氏は即答できない点に関しては、後でメーカーからの回答をもってくることにした。

後日、堺氏はメーカーの回答をもって高石主任を再訪問した。高石主任は納得した。すると別の質問が出てきた。現行装置はスイッチやボタン操作である。ナンバ機販の装置はタッチスクリーンからの操作である。質問は、濡れた手でタッチしても大丈夫か、スクリーンが故障した場合、手動操作は可能か、スペアのモニターは付属しているのかという点だった。

堺氏は即答できない課題を持ち帰り、メーカーの回答を得てから高石主任を訪れる。そんなやりとりが数回繰り返された。堺氏は、逐一、メーカーに問い合わせないと顧客の疑問に応えられない営業を深井機械はどう思っているか不安だった。しかし、それは杞憂に過ぎず、深井機械の購買部から見積もり依頼があり、受注できた。

しばらくして、部品加工業の貝塚パーツから連絡があった。洗浄装置の説明を聞きたいという。堺氏は貝塚パーツへ向かった。担当者は北野氏といった。貝塚パーツでも部品洗浄で高性能の装置を探していた。後で聞けば、北野氏は深井機械の和泉課長と知り合いだったことがわかった。和泉課長がこのナンバ機販で取扱いの洗浄装置を、北野氏に紹介してくれていたのであった。

堺氏は高石主任とのやりとりで得られた知見を今回の説明に加えた。北野氏は、なるほどと納得し、発注することを約束してくれた。それから間もなくして、貝塚パーツ社の購買部から発注書が届いた。

さらに、貝塚パーツと取引があるミクニ電機から問い合わせがきた。ナンバ機販の取扱う装置の説明を聞きたいという。堺氏は、パンフレットと仕様書を持参してミクニ電機へ向かった。出迎えたのは生産部のリーダーと3人の部下たち。ミクニ電機では今後、海外生産を開始するという。その際、本国と現地の双方で同じ装置を導入する計画である。つまり、本国の生産クオリティと現地の生産クオリティを同じレベルにしたいということ。現地でもしラインにトラブルがあった場合、本国がバックアップするということであった。

堺氏は前回と同様、深井機械の高石主任から得た知見を装置説明に活かした。すでに経験のあるセールス展開だったので、スムーズに話が進んだ。結果、ミクニ電機からは2台の注文となった。

堺氏は一連の案件について、上司に報告した。上司は「今回は高石主任がキーパーソンだったな。彼の懐に入れたのは大きかった」といった。堺氏はこれまで、装置のクオリティがよければ売れるものだと思ってきた。しかし、今回は人脈がいかに重要かを改めて思い知った。「注文はゼロか100のどっちかしかない、50％の注文なんてない」と上司はさらに付け加えた。堺氏は確かにそうだと思った。堺氏は、この経験をこのままにしてはいけないと思った。次に何をすべきか居ても立ってもいられない気持ちであった。

解説 エピソード12
顧客との信頼関係からの展開

このエピソードにおいて、営業がうまくいったのは、単に幸運だったからだろうか。そう思ったのなら、堺氏が「このままにしてはいけない」と思った理由について、ぜひ思いを巡らしてほしい。

さて、顧客とのウィン・ウィン（win-win）の関係という表現がある。顧客と自社がともに利益を享受して、相互に勝者として強くなる関係のことであるが、そのベースには、顧客との信頼関係から顧客の問題解決が導かれ、それがいっそうの信頼関係の強化をもたらすというサイクルがある。

顧客との信頼関係は、パートナーシップと言い換えることもできるが、それがあれば、顧客は売り手企業やその営業マンのことを信頼できるため、顧客は自らの問題を正直に示すことができる。顧客の問題についての正確な情報があれば、営業はそれに基づいた問題解決を提案できるようになり、顧客はその問題解決の提案を受け入れることで、問題解決による高い満足度を得ることができる。その経験と実績は、顧客との信頼関係をいっそう強化し、それがさらに高次の問題解決に結びつくというウィン・ウィンのサイクルが作られる。

このサイクルを回すことにおいて、営業はいくつかの重要な役割を果たす。まず、顧客との信頼関係を形成することであり、いくら製品の品質や性能が良くても、営業が適切に行動しないことには達成されない条件である。

次に、この信頼関係に基づいて、顧客から問題や需要にかかわる情報を得ることであり、営業が顧客と接するときに、顧客の質問や会話の中にこうした情報が潜んでいないか、常に問題意識をもって行動することが重要となる。顧客の抱える問題は、その企業の弱みや取り組むべき課題、あるいは次の製品戦略にかかわる問題であり、競合にその情報が漏れれば競合に出し抜かれ、信頼できない取引先に知られれば、取引先を価格交渉で強気にさせる原因となるため、オープンにされるものではなく、だからこそ信頼関係が重要となる。また、顧客が問題を漠然と感じているが、その解決策までたどり着けておらず、それを自社の製品やサービスを使えば解決できると考えていない場合には、そうした問題に関する情報は会話の最中に、何かの偶然でその片鱗を見せるだけである。それゆえ、営業が果たすべき役割が重要になるのである。

そして、顧客の問題解決に貢献するような製品やサービスを提案することにおいても、営業は、顧客の問題と提案内容とのギャップがないか、あるとすればどのように埋めるのかを考える必要がある。特に顧客への提案をすれば、顧客の漠然とした問題が徐々に明確になり、具体的なニーズに変わってくる。つまり、具体的な形で示されると、「ここをこうしてほしい」という具体的な要望を出せるようになる。それを技術部門と連携してカスタマイズの形で対応するのも営業の役割になってくる。

さらに、問題解決に顧客が満足することで、信頼関係がますます強化されるという段階においても、営業が考えるべきポイントがある。これは、問題解決による成果を確実なものにすることであるが、その成果とは、顧客に高い価値を認めてもらうことで、期待通りの販売や価格を実現するということだけにとどまらない。

1つには、取引関係をますます強固にして、競合他社に取引をスイッチされないような強い結びつきを作ることである。そのためには、自社の提案に付け入るスキがないか、競合他社の動向に注意し、自社にはない新たな提案が出されてはいないかを常に目を光らせておく必要がある。この種の情報収集においても、顧客と接する営業からの情報が重要になる。

そしてもう1つには、このエピソードのように、顧客から他の顧客へと関係の広がりが生まれるという副産物が得られる。一社の顧客における問題を見つけ、その問題解決を行ったとき、同じような問題が別の企業で発生していることが予想される。しかし、そうした同じ問題があるという情報は、前に説明したように、信頼関係がある状態でしか表出しないため、既存の取引関係の外には出てきにくいものである。

そこで顧客の技術者から別の企業の技術者へのコミュニケーションを通じて情報が伝わり、製品やサービスの引き合いが発生することに期待がかかる。これがいずれは業界の評判となって、もっと大きな広がりにつながることもあるだろう。

しかし、このような口コミや評判は、それをうまく引き出すテクニックがあるわけではない。顧客に良い評判を広げてもらおうとしても、顧客に協力する理由がないのは明らかである。また、コントロールできないからと、この局面を淡々とやり過ごすことも賢明とは思えない。エピソードの堺氏が「このままにしてはいけない」と思ったのも、このことである。

そこで、重要なことは、顧客との信頼関係をベースとして、顧客に有効な問題解決を行い、それが関係をますます強めるというサイクルを回すことでしか、顧客の口コミや評判は広がらないということである。だとすれば、このサイクルの要所ごとに営業として行うべきことをきちんとこなすことが大事になるということになる。

エピソード13

「針のむしろ」から失地挽回

外資系医療機器メーカーのメディロムの営業を担当する福井氏は、営業先のある医師から感謝の言葉をもらえたとき、努力は報われるという意味を生まれて初めて実感した。

話は1年以上も前にさかのぼる。福井氏は、担当エリアの総合病院に医療機器を納品することになっていたが、メディロム本社への連絡ミスがあり、福井氏の確認が不十分であったため、仕様が少し異なる機器が納品されるという失態を犯した。たまたまその機器を使って行う予定だった手術の時期が延期されたために、患者や病院に迷惑をかける最悪の事態は回避されたが、医師は、駆けつけた福井氏に対して、「人の命にかかわる緊張感が足りない」と激しく叱責し、福井氏も一歩間違えれば取り返しのつかないことになるという恐怖を感じた。

その後、この総合病院では他の診療科も含めて、メディロムの製品はサプライ品を除いて利用してもらえなくなり、福井氏を叱りつけた医師は福井氏に会おうとせず、病院内で会っても無視していた。

それでも福井氏は、毎週のようにその医師のもとに通い続けた。その際には、その医師が関心をもちそうな新しい医療技術の情報について、競合他社の情報も集めて、簡潔にまとめた資料を持参し、届けた。最初はその医師から、あからさまに不快な表情で受け取ることを拒否されたり、目の前でゴミ箱に投げ込まれたりした。福井氏は、つらく厳しい時期を過ごした。福井氏は耐え続けた。

事態が動いたのは、その事件から、1年が過ぎた頃であった。その総合病院で緊急手術があり、特殊な器具が必要になった。その要請が代理店に入った。さっそく代理店はメディロムの競合メーカーに問い合わせたが、そのタイミングでは商品在庫がなく、メディロムでも同等品の在庫は国内にはなかった。

それを聞いた福井氏は、海外支店に連絡し、その商品がソウルにあることを確認した。すぐに自ら往復の飛行機を手配し、ソウルから帰国、そして病院へと器具を届け、緊急手術に間に合わせた。これで信頼を回復できるという期待もないといえば嘘になるが、それにもまして患者のために役に立つ企業であることを示したかった。そのため、福井氏が器具を届けたときも、いつもと変わらない事務的な対応ではあったが、それほど気にならず、むしろ達成感を感じていた。

しかし、翌日に、あの医師から今回の対応に感謝している、メディロムを見直したという電話があった。福井氏にとっては、昨日感じた達成感の何倍もの満足感を感じることになった。

解説 エピソード13

信頼回復のコストは高いか

このエピソードを読んで、どのように感じただろうか。営業での失敗は誰にでもあるため、共感したり、逆に、現実はそうはうまくいかないと思ったりするかもしれない。では、冷静に見て、福井氏のかけた失地回復にかけたコストは、果たしてそれに見合った成果をもたらすだろうかと尋ねられると、多くの人は首をかしげるに違いない。ようやくスタートラインに付けただけなので、顧客の病院がまた取引を再開してくれるかどうかは、今後のメディロムの技術開発力次第だからである。また、福井氏はここまですべきだったのかと聞かれると、今度は意見が分かれるはずである。たとえ見合った成果が得られなくても、メディロムや福井氏は汚名返上のためにそうすべきだという意見もあれば、別の新規顧客を開拓した方がよかったという意見もあるだろう。

ここで注目してほしいのは、前者の根拠である。失敗のまま、その顧客との取引をあきらめるなら、悪い評判が立つと思うかもしれないが、それは考えにくい。失敗した事実は消せないため、それで悪い評判を打ち消せるわけではないからである。営業にとっての名誉挽回やリベンジの心情であるとか、営業を育てるためといった理由も考えられるが、果たして企業や管理者としての合理的な選択といえるかどうか。

最も説得的な根拠は、顧客維持にかかるコストは、新規顧客開拓にかかるコストよりも、はるかに少ないということである。もし失敗がなく、そのまま取引が継続していたら、非常に少ない営業コストで顧客からの受注をとることができる。それに対して、メディロムがまったく取引していない病院と新規に取引を始めるためには、競合企業による既存の取引関係に割って入らなければならないため、多大な時間とコストをかけた営業を展開しなければならないはずである。そして、失敗によって信頼を失ったケースでは、不信感を伴うマイナスからのスタートのように見えるが、実は、少なくとも事業内容や営業担当者の能力や性格についての情報を顧客がすでに知っているという意味では、新規参入業者よりは有利なポジションにいることになる。少なくとも顧客から代替案の1つとして認識してもらえ、営業の情報チャネルは完全に閉ざされたわけではなく、誰に働きかけるべきかもわかっている。

それゆえ、この顧客との取引をあきらめてしまえば、代わりとなる新規顧客開拓のために、もっと多くの努力や時間が必要になるが、それに比べると顧客の信頼を回復するためのコストはまだ少なく、また、信頼関係を築くまでにかかる時間も短いと期待される。もちろん、いったん信頼を失っているため、それを回復するのは容易ではなく、もっと長期の時間が必要となる場合もあるが、可能性や期待という点では、新規開拓より有利と考えてよいだろう。

ただし、人間関係がかかわるため、顧客からの拒否に対して強い心理的なストレスを営業が感じる可能性もある。同様に拒否されるのであっても、新規顧客開拓では、単に必要性を感じてもらえないと受け止められるが、失敗からの信頼構築では、あからさまな否定的態度を示され、エピソードにあるように「針のむしろ」に座らされることになる。

実は、こうした営業の心理的負担は、前述の費用の比較には含まれていない。この費用を含めた上で、信頼回復に努めるかどうかというのは難しい選択になってくるだろう。

エピソード14
提案を競う

スーパー・カンダは、ここ最近、業績不振に陥っていた。大手GMS（総合スーパー）チェーンが、同じ地元に出店攻勢をかけ、ライバル店との競争に巻き込まれたからである。これまでスーパー・カンダは、本店を中心に、近隣に6店舗を展開してきた。しかし、そのうち1店舗は閉鎖している。その店舗はライバル店に最も近い場所に立地していたので、その影響をまともに受けてしまった。カンダはこの事態を打破しようと、チラシの刷新を実行した。これまでの価格訴求一辺倒のものから、イメージ重視のチラシへとデザインを工夫した。

そんな中、中堅食品メーカーのジャパンリッジで営業を担当する秋葉氏はルートセールスの流れでカンダ本店に立ち寄った。商品部長に挨拶をして、いつものようにハム・ソーセージを仕入れてもらうよう顔を出す。しかし、今日は勝手が違う。部長は神妙な顔つきで、**POSデータ**の分析表を商談室の机に広げた。こんなことは今まで一度もなかった。

部長いわく、「今後はハム業者5社のうち、上位4社だけを仕入れさせてもらう」という。秋葉氏にとっては青天の霹靂。これまでのカンダは、食品の品揃えがライバル店よりも豊富なことを売り物にしてきたスーパーであった。主要メーカーはすべて棚に並んでいた。しかも「第4位と、仕入れなかった第5位は毎月入れ替える」という。まるで、プロサッカーの一部リーグ最下位と二部リーグ第1位の入れ替え戦である。

これには秋葉氏は頭を抱えてしまった。ジャパンリッジはＰＯＳデータ上、常に第5位だったからである。秋葉氏は上司に連絡をとった。その翌日、上司とともに再訪問する運びとなった。秋葉氏は、3位に入らなければ毎月仕入れてもらえないことになるので、その対策を練りだした。ところがアイデアが浮かばない。そのようなシビアな要求を受けたことがなかったので、こうした事態を想定してこなかった。

おそらく、他のライバルメーカーも対策を講じてくる。特に4位のメーカーは必死である。第4位ということは入れ替えが起こる。安定した第3位を狙ってくるはずだ。秋葉氏は上位2社の販売方法をよくよく観察してみた。

そうすると、わかってきた。上位2社は毎週、チラシ広告の目玉商品として掲載されている。秋葉氏はこれまでチラシ商品の提案はしてこなかった。さっそく上司に相談をもちかけた。まもなく上司の了解を得て、チラシ商品の提案をすることになった。

ＰＯＳデータ

ＰＯＳは、「ポス」と読み、意味は「販売時点」のことである。顧客が選んだ商品をレジに通すときが、この販売時点にあたる。したがって、ＰＯＳデータ（販売時点データ）とは、レジで収集される販売された商品群のデータであり。そのデータから、どの商品がいつ、いくらで何個、他のどんな商品と一緒に購入されたかがわかる。このデータを分析することで、小売店では、どのような品揃えにすべきか、どの商品を店頭から除くべきか、販促がうまくいったかなどの有用な情報が得られる。さらに、ポイントカードと組み合わせることにより、どのような顧客がどんな間隔で購入しているのかなどもわかるID-POSという進化形もある。

今回、初めてチラシ広告の品としてジャパンリッジのソーセージが掲載された。しかし、結果は4位であった。来月は仕入れてくれるが、2ヵ月後は仕入れがストップ。これによるダメージは大きい。3ヵ月後のリベンジに備えて、秋葉氏は第3位に入れるようあらゆるアイデアを書き出した。そうした中で、カンダからの反応がよかったものがあった。それは、総菜コーナーのための食材提供である。もともとカンダは生き残りをかけて、大手GMSとの差別化に総菜に力を入れてきた。そのメニューのための食材に自社のハム・ソーセージを提供するというものだ。あとは価格の折り合いと、本社サイドへの説得である。秋葉氏に忙しい日々が続いた。

3ヵ月後、総菜コーナーの食材というコラボが動き出した。ただ問題は、使用食材がジャパンリッジだという表示がない。消費者に当社のハム・ソーセージだと認知させることができない。そこで、秋葉氏はお手製のPOPを作成し、店頭に置いてもらうことにした。2週間後、ようやく変化が現れてきた。当社の他の商品の売れ行きも伸びてきた。

POP

ＰＯＰとは「購買時点」のことであるが、通常、ＰＯＰ（ポップ）といえば、POP広告のことをいう。ＰＯＰ広告とは、小売店頭の商品の近くに掲げられる広告（表示物やポスター）のことである。特に手書きのＰＯＰ広告のことをいうことが多く、商品の価格を目立つように示したり、商品の特徴やお勧めポイントを文章で表現したりすることで、顧客の需要を喚起するのが目的である。

これらでは意図的に「手書き」を強調して、売り手の個性や人格を出すことで商品を販売する戦略と整合性がある。活字で表現されたものに比べて、価格の場合には、特別感や緊急性が強調され、説明の文章では、店長やバイヤーの人格を出すことで、直接語りかけるような説得力をもたせようとする。それに対して、ブランドのコンセプトや店頭のデザインの一貫性が重要になる場合には、このような店頭情報はノイズになるため採用されない。

秋葉氏はここで安心してはいけないと思った。おそらく他のメーカーもこの総菜食材の提案を仕掛けてくるはずである。そこで、カンダの担当者との関係性を強固にしていく必要があると考えた。秋葉氏は、次なる総菜メニューの提案を考えている。また、いつまでもお手製のPOPというわけにもいかないので、店頭販促用のポスターや商品に貼るシールなどの販促物の予算を上司に頼んでみた。すると、上司は、カンダ1社のためだけの販促物では効率が悪いので、他の営業先にも総菜の商品企画提案を広げて、その中で販促物の手当をするという形で企画書をまとめるようにといった。秋葉氏は、社内での企画提案は初めての経験で不安だったが、何とかやってみようと自らを奮い立たせるのだった。

解説　エピソード14

企業レベルでの信頼関係

前に情報と行為という2つの信頼関係があることを説明したが、信頼関係を結ぶ主体によっても2つのタイプに分けることができる。それは、人間間の信頼関係と企業間の信頼関係である。このうち人間間の信頼関係は、わかりやすいだろう。営業マンという個人が誠実で信じてもらえるか（情報の信頼性）とその個人に顧客の問題を解決する能力があり、顧客に頼りにされているか（行為の信頼性）

ということになる。

それに対して、企業間の信頼関係では、企業が信用を重んじる社風で、企業のメッセージが正直で信頼できるかどうかということが情報の信頼性になる。これがあれば、この企業の社員だから営業も裏切ることはしないという期待が生まれる。

そして、顧客が企業レベルでの問題解決能力に期待を寄せるとき、企業間での行為の信頼が形成される。この信頼関係を作るためには、営業が個人としてできる範囲で顧客の問題情報を収集して対応することでは足りず、営業は生産部門、開発部門、サービス部門などの他の部門の協力を得て、それらの部門の資源も動員した問題解決を行わなければならない。

このエピソードでも、営業先の仕入先絞り込みに対応するために、秋葉氏がこれまでの属人的な信頼関係から商品開発、生産、広告などの職能を巻き込んだ企業レベルでの信頼関係に切り替えるという話になる。そうした企業レベルでの問題解決能力を提案できなければ、競争に勝ち残ることができず、やがては、競争の場にも立たせてもらえなくなる。つまり、企業として頼りにならないとして、信頼を失うことになる。したがって、営業では個人レベルだけでなく、企業レベルでの問題解決能力による信頼も構築しなければならない。

エピソード15

顧客選別で失う信頼

外資系のバンフ銀行は、優良顧客を対象とするプレミアム会員制度を設けていた。それは預かっている資産総額が1千万円以上の顧客に対して、金融コンサルティング・サービスや振込・送金手数料の無料化などのさまざまなベネフィットを提供する制度である。本来なら、このプレミアム会員を積極的に打ち出して、優良顧客を囲い込むべきであったが、新たに日本のリテール事業部長になった岡崎氏は、プレミアム会員の新規獲得を抑制して、既存のプレミアム会員の中の「真の」優良顧客に対して、もっと時間をかけたサービスを提供することを求め出した。

かつてのバンフ銀行は顧客満足度調査で常に上位にランクインする銀行であったが、この10年ほどは顧客満足度が下がり続け、昨年度は、とうとうワーストのリストに載ってしまう事態となっていた。そこで、外部の調査機関を使って、その原因を調べたところ、プレミアム会員の中でも上位の顧客からの窓口や電話での対応についての不満が大きく、その原因として考えられるのは、プレミアム会員数が対応できるキャパシティを超えてしまっているために、忙しすぎて上位の顧客層への対応時間を十分に割けないということがわかってきたからである。その一方で、海外本社から業務の効率性を求められ、顧客対応に振り分ける人員が削減されることになっていた。

しかし、この新規獲得を抑制するという本部からの指示は、窓口や電話での顧客対応をする営業の現場を混乱に陥れることになる。というのも、プレミアム会員の勧誘は、従来通りの銀行のホームページで行われていたために、それを見た顧客からの問い合わせが相変わらず来ていたからである。そうした顧客に対して、本部は、収益が期待できる金融商品の取引があって、コンサルティング・セールスができる顧客だけを選別し、そうでない顧客はその場で断ってもよいという指示を出していた。

しかし、問い合わせをしてくる顧客は、資産総額の条件を満たした優良顧客予備軍であり、そういう顧客と信頼関係を築きながら、うまく優良顧客に育て上げるべきではないかと、現場の担当者は思い、実際に、上司に訴えた。しかも、電話や窓口で、プレミアム会員の資格がないことを伝えると、「もう二度と来ない」「それならなぜ宣伝するのか」と怒り出す顧客も多かった。そうした事態になるたびに、上司が謝罪のための応対をしなければならず、優良顧客のために時間を割くという点でも逆効果となっていた。さらに、このような応対を強いられる現場の担当者も、顧客に怒られることにストレスを感じ、疲弊していた。中には、人員削減のために、こうした仕事を自分に押しつけていると感じている行員も出始め、このままでは退職者が出てもおかしくない状況にあった。

そこで、現場の上司からは、せめてホームページでのプレミアム会員の広報をやめるか、あるいは、投資信託がいくら以上といった付加的な要件をホームページで明示してほしいという要望を本部のリテールマーケティング部門に出したが、広告に関しては、海外本社の意向が強く、営業現場とは違う論理で動いているため、あっさりと拒否されてしまった。というのは、マーケティング部門のミッションは、窓口やコールセンターに来る顧客の数を増やすことであり、それを減らすような要望は受け入れられるものではない。むしろ、有望な見込み顧客を開拓したのだから、営業はそれを優良顧客に引き上げることを考えるべきだというのである。要するに、その先は営業の問題になるので営業部門で解決すべきで、それをマーケティング部門に押しつけるなということである。

また、岡崎事業部長もこうした営業現場を見ることなく、営業現場での努力が足りないからと決めつけていた。顧客に電話や窓口で接触して、顧客の関心を聞き出せば、その人が優良顧客になってくれそうかどうかは、すぐにわかるはずで、それが難しいというなら、上司が指導すればよい。選別で顧客を怒らせてしまうのは、説明の仕方がまずいためであり、実際に、怒らせることなく、顧客との良好な関係を維持できる担当者もいるだろう。そういう人にノウハウを学べばよいではないか。それゆえ、真の優良顧客への対応時間を増やすこと、そのためにはプレミアム会員への入会における選別をしっかり行うことについて、路線を変更することは考えていなかった。

このような状況では、営業現場の上司も、その方針に従うほかはなかった。それに抵抗すれば、自らの指導能力や管理能力がないと宣言しているようなことになってしまうからである。確かにベテランの担当者は、顧客を不快にさせることなく、うまく対処できたが、有能なベテランにこそ、優良顧客の維持に時間を割かせるべきということなので、彼らに指導させるというのは無理なことだった。

結局、この問題から、バンフ銀行は、部門間の協力関係がとれていないだけでなく、マーケティング部門も営業本部も顧客を見ていないという根本的な問題があらわになったが、管理者がその解決に動き出すことはなかったのである。

解説 エピソード15

顧客選別と信頼関係の両立

このエピソードのバンフ銀行のように優良顧客を絞り込んで、その顧客を重点顧客として手厚い対応をする戦略はよく採用される。それは、企業のもっている資源に限りがあり、どの顧客にも全力で問題解決することはできないため、特定の顧客に資源を優先的に割り当てるという考え方に基づいている。

その前提には顧客の選別があり、経営成果にあまり寄与しない顧客に対しては、営業を通じた対面的な対応よりも電話やインターネットでのコミュニケーションにして効率的な対応をすることが必要になる。この効率化で余裕ができた資源を経営成果により貢献する顧客の問題解決に使うことで、その重点顧客との深い信頼関係を築こうとするものである。

これは、限られた経営資源という制約のもとで、売上や利益という経営成果を上げていくための合理的な戦略であり、しかもすべての顧客との深い関係を築けないために、特定顧客への絞り込みはどうしても必要になる。ところが、この顧客選別を戦略的に実施しないと、営業現場に負担をかけることになり、このエピソードのように重点顧客への資源配分さえもできなくなるだろう。

では、この顧客選別で何が重要になるのだろうか。まず重点顧客を戦略的に選別する基準や仕組みを企業としてもつことが重要になる。営業が恣意的に判断すれば、経営成果に長期的に貢献するかどうかよりも、短期的に対応しやすい顧客を選んでしまう可能性がある。あるいは、選別が不徹底となって、営業が処理能力を超えた対応をしてしまい、重点顧客の満足度が上がらないことも予想される。

さらに、重視しない顧客については、取引を効率化しながら、その顧客の満足度を下げない仕組みを企業レベルで構築する必要がある。それを営業の責任としてしまうと、不満をもった顧客との対応に営業は大きな負担を背負うことになり、効率性を追求することはできない。効率性を追求する方法としては、どの顧客でも共通した標準的対応をすることや、外部の業者に委ねたり、インターネットや電話などによる費用のかからない対応を行ったりすることが考えられる。しかも、そうした中で顧客に不満を与えるなどの問題が発生すれば、その経験で得た知識を次の標準的対応に取り込むような仕組みを作ることも大切である。

3つ目には、選択された重点顧客に向けて経営資源を集中化させることを考えないといけない。戦略的に重点顧客との深い関係を築くためには、営業が1人でできるような問題解決だけでは不十分であり、全社的な問題解決が求められる。その場合、営業が窓口となって、商品開発、生産、サービス、マーケティングの職能部門と連携して、全社的な問題解決を作り上げ、顧客に提案することになる。

したがって、顧客を選別し、重点顧客との信頼関係を形成するというのは、営業だけの判断では難しく、営業の責任で行えば失敗することになる。言い換えれば、企業レベルでの問題解決をめざして、企業として戦略的に顧客を選別し、重点的な対応の意思決定を行う必要がある。ただし、その場合には、重点顧客への傾斜的資源配分の戦略意図をしっかり営業に理解させると同時に、一般顧客への対応の効率化や重点顧客への全社的な取り組みを企業として支援することが必要となる。それらがなければ、営業は、顧客選別に対して、顧客との信頼関係を構築することのディレンマに陥り、方向性を見失うことになってしまう。

第4章

顧客を開拓する

エピソード16

人脈に依存した顧客開拓のもろさ

エンジョイ生命に転職した山田氏は営業マンとして再スタートしたのが2年前である。前職では医療機器営業の経験があり敏腕営業マンとして活躍した。今度は生命保険業界でも自分の営業センスを活かして成果をあげようと思っていた。入社早々、自分の知人リスト100名を手がかりに次々と契約を獲得していった。大学時代の先輩・後輩、アルバイト先の元同僚など、毎月3～4件のペースで成績をあげていった。理想的なペースである。山田氏は、案外簡単な仕事だと安心していた。この年のボーナスは期待以上の額であった。

しかし、入社後1年が過ぎた時点で雲ゆきが怪しくなっていった。知人リスト100名分をすべて訪問し終えたからである。このリストから40名近く契約してくれたが、問題は彼らから見込み客の紹介を引き出せていなかった。生命保険の営業は次々と見込み客を紹介してもらうことで新規顧客を開拓する。この新規契約が給料の評価対象になる。したがって、新規契約がなければ給料やボーナスは減額されてしまう。結局前月の契約は1件しかなく、この遅れを取り戻すには今月少なくとも5件は必要であった。

山田氏は**飛び込み営業**をするしかないと思った。商店街をまわり、店の経営者に話をしようと試みた。しかし誰もまともに相手にしてくれなかった。マンションのインターホンからも営業をしてみたが効果がない。この飛び込み営業は3日で断念した。

上司からは、飛び込み営業ではなく電話でアポイントをとって行かないと成功しないと指導された。山田氏は、リストの知人の中の未契約者に電話をかけていった。そのほとんどが、忙しいという理由で断られた。それでも1件、大学時代の友人の松本氏とアポがとれた。山田氏は松本氏と喫茶店で待ち合わせた。まず転職の理由から始まり、パソコンを使って生命保険の重要性を解説した。松本氏の好意的な反応を見て、山田氏は、この話を他の人にも聞いてほしいので知人を紹介してほしいと頼んだ。松本氏はそれについては抵抗を感じた。自分が保険に加入するのはいいが、家族や友人を紹介するのはどうかと思った。

山田氏は「紹介カード」を取り出した。紹介先の氏名（3人分）と連絡先が記入できるカードである。松本氏はしぶしぶ3名の名前

飛び込み営業

飛び込み営業とは、アポイントなしで初対面の相手に営業をかけることをいう。例えば、住宅街で片っ端からインターホンを鳴らして営業していくスタイルである。しかし、成功率はほとんどゼロに近いであろう。顧客側としては警戒心をもっているので、「今日は忙しい」「セールスお断り」といって、相手にしないことであろう。

かつては新人営業マンに飛び込み営業をさせる企業はたくさんあった。彼らに度胸をつけさせるとか、現実の厳しさを学ばせるという目的であった。しかし、今日では飛び込み営業で心が折れてしまい、退職してしまう新人も多くなり、その意味がなくなっている。しかも、個人宅ではモニター付きのインターホンが普及し、セールスとわかれば取り合わないこともあり、企業の場合でもセキュリティが厳しくなり、アポイントのない人物との接触はできなくなっている。

を記入したが、この3名は山田氏と共通の知人であった。山田氏はがっかりしながらもお礼をいった。この3名はすでにアポイントを拒否された人物だったからである。結局、松本氏からも契約を獲得できなかった。

ついに山田氏の人脈は途絶えた。上司に相談した。上司は退職した部下の既存顧客リストから200名分を山田氏に与え、保険契約の見直し提案という理由でアポイントをとらせた。

エンジョイ生命では、次年度からインターネットでの保険販売サービスが開始される。会社側はコールセンター対応やネット販売によって、営業マンの人件費カットを目論んでいた。山田氏は何とか成績を上げなければと焦っていた。しかし、最近、山田氏は好成績の先輩と情報交換する中で、自身のターゲットが不明確で自分独自の市場開拓という視点が欠けていると気づき始めていた。山田氏は大学時代に受講したマーケティング論のテキストを片手に、既存顧客リストの分析を始めることにした。

解説　エピソード16

新規顧客開拓と既存顧客の掘り起こし

広く市場開拓しようとすれば、効率的に進めないと成果のないまま無駄に時間が過ぎていく。新規開拓は顧客に信頼してもらい、会ってくれるまで相当苦労する。しかも、個人の人脈だけで市場開拓しようとすると、必ず限界に突き当たる。無理をいって会ってくれる人物はそう多くはない。会うだけならいいが、ビジネスの話は敬遠されるのは、誰でも想像できる。個人の人脈というのは、商売的な利害関係と離れて形成されたものであるために、それを商売に利用しようとするのだから、歓迎される話ではない。

このエピソードの生命保険会社のように、新規顧客しか業績評価にカウントされない場合、既存顧客の見直しに手間をかけられないというムードになる。しかし、既存顧客といえども、常にライフスタイルが新しくなる。結婚や出産等で家族が増えたり、年齢とともに入院や介護のニーズが生まれる。

そこで、企業としては、既存顧客を洗い直して、営業担当者に振り分けて、アプローチをかける。新たなニーズの取りこぼしがないか、企業が開拓していないニーズが生まれていないかを確認する。既存顧客は先行的に信頼関係が形成されている分だけ、新規顧客よりもアプローチが容易になっており、新たな潜在的ニーズの情報源にもなり得る。それゆえ、既存顧客リストは企業にとっては資産である。それを有効活用しない手はない。そのとき、営業マン個人の裁量だけに任せてしまうと、その活用に限界があるため、企業としてサポートをすることが重要になる。

エピソード17

余裕をもった訪問

広告代理店に勤める品川氏は、営業に配属され2年目になる。小さな会社なので、商談の多くはチラシやパンフレットが中心である。その中で、3ヵ月前に訪問した既存顧客との案件がずっとそのままになっていた。そのときは、顧客から「検討してまた連絡する」ということだった。それから連絡がないということは、興味がなかったのだろうと品川氏は考えていた。

品川氏はたまたまその顧客の近くまで営業に来ていた。再訪問してみようかと考えた。手元には、「お得なお客様情報」のリーフレットがあったので、それを渡しに来たということであれば会ってくれると思った。その顧客の所在地に車で進んでいくと、渋滞に巻き込まれた。想定していた時間よりも大きく遅れてしまい、昼の時間になろうとしていた。

顧客のもとに到着したものの、品川氏は思案した。もし、ここでノックをすれば取り急ぎで話を聞いてはくれる。しかし、食事の時間を切り上げてまで面談していただくのは心苦しい。しかも、短時間の面談であれば「お得なお客様情報」を提示するだけになり、「はい、ありがとう」で終わってしまうだろう。本当であれば、3ヵ月前に提案した案件を再検討してもらいたい。そのためには最低でも1時間は必要だ。

品川氏は今日の訪問を取りやめようと考えた。いつもであれば、せっかくここまで来たのだから訪問せずに帰るというのは時間の無駄になる、という考え方をしていた。今回はしばらく考えてみた。明日に出直すということにした。

翌日の午前中、渋滞を避けて想定通りの時間に到着。担当者には、近くまで来たので「お得なお客様情報」を届けに来たと申し出た。担当者は喜んで会ってくれた。その担当者も、3ヵ月前の案件については頭の片隅に引っかかっていた。品川氏はその案件の話を切り出した。その流れで当案件の再検討が始まった。面談時間は90分近くまでおよんだ。その結果、この案件の契約を進めようということでクロージングできた。品川氏は胸をなでおろした。

その後、品川氏はオフィスに戻り、契約書の作成に取りかかった。上司にもそのように報告した。上司は品川氏にこういった。おそらく、昨日の状況であのまま訪問していたら、この契約は進まなかった。なぜなら、昨日の顧客の状況ではじっくり話を聞く時間がなかった。それに、品川氏自身も「せっかくここまで来たのだから、せめて話だけでも」という気持ちが強く、相手よりも自分の都合を優先していた。そのような時間も気持ちにも余裕がない訪問をしても、いい方向で話は進まないものだ、と

ルート回り

ルート回りは代金回収や納品と販売を同時に行うことができるので、コスト面でもメリットがある。ある程度、顧客との信頼関係が構築できれば、顧客から市場の動向についての情報を入手することも可能になる。顧客との関係性を維持しようとすると、特に用事がなくとも定期的に、営業マンは顔を出して挨拶やちょっとしたコミュニケーションをとっていく必要がある。また、顧客の需要が発生した時機を逃さないというメリットもある。

上司はつけ加えた。

品川氏は自分の営業スタイルを振り返った。そして成績が思うようにならない原因の1つが見えた。顧客と一緒に考える、余裕をもった訪問をこれまでしていたであろうか。自分のスタイルは、1日にいくつものアポイントや**ルート回り**で顧客訪問し、短時間で提案しては「ご検討ください」と言い残して立ち去っていたと反省した。これではいけないと思い直した。確かに、ご検討くださいと言い残し、先方から連絡があったことはなかった。品川氏は翌日からの営業スタイルを一新しようと心に決めた。

解説 エピソード17

顧客訪問にかける時間を管理する

多くの見込み顧客を抱えていると、顧客訪問がルーチン化して、訪問することが目的のように錯覚してしまう場合がある。顧客を訪問するのは手段であり、目的は顧客の問題解決である。訪問したからといって、顧客の問題が解決することはあり得ない。ところが、日々、顧客訪問を繰り返していくうちに、この手段が目的のように思えて、とにかく顧客を訪問できればよいという気になってしまうのである。

営業マンにとって、見込み客を多く抱えていることが1つの安心材料なのだろうが、その多さゆえに効率性を考えて営業活動をしていくべきという意識に繋がりやすい。しかし、無駄な営業コストを省くのはよいとしても、事前準備の時間を省くのは逆効果となる。足しげく通って、結局注文がとれなければそれまでの営業コストは無駄になるため、むしろ効率を悪くしてしまっているのである。

顧客開拓には市場の分析や準備が不可欠である。顧客が求めているのは何かをつかみ、ソリューションを提案していく。顧客の困っていることを察知しなくては、単に商品を説明しても先には進めない。このエピソードで品川氏が気付いたように、ただ顧客の顔を見るだけでは営業になっていない。いざソリューションを提示しようとすると、それなりの時間が必要になる。その場合、顧客とともにじっくり考える時間が大事となる。一緒に解決策を考えるプロセスによって、信頼関係も築きやすくなる。

見込み客とはしっかりと時間をとり、見込みのない客に対しては早期に見切りをつける。こうして時間というリソースを確保しないと、営業の効率性は向上しない。

エピソード18

顧客が考える時間

　このところ、目黒氏は悩んでいた。彼は学習教材を家庭に販売する営業を担当している。かれこれ3年になる。それにもかかわらず、成績はさっぱりであった。毎日、毎日、見込み客からの引き合いに対して訪問し、丁寧に商品説明をするものの、成約に結びつかない。しかも、その原因がわからない。彼はなぜ成約に結びつかないのか、悩んでいた。

　オフィスで事務作業をしていると先輩から声をかけられた。たまたま自分の知人が携帯端末パッドの営業のために訪れているという。顔を立てるつもりで、ちょっと会ってみてほしいという。それは法人対象ではなく、個人契約のものらしい。目黒氏は「押し売りされたらイヤだな」と思いつつ、話を聞いてみることにした。

　応接スペースに行ってみると、それらしき人物が待っていた。名刺を受取った。浜松氏という。電子情報機器の販売代理店だった。従来は法人向けに商品を紹介してきたが、今後は個人ユーザーにも紹介していくという。

　目黒氏は、この人物がどんな営業をするのか観察してみようと思った。流暢なトークなのか、ゴリ押しタイプなのか。すると浜松氏はほとんどしゃべらない無口な営業マンであった。必要なこと以外はまったく口にしない。商品の説明を少ししては沈黙になる。目黒氏は、こんな無口なセールスで、やっていけるのだろうかと疑問に思った。ひょっとしたら技術系の社員が、営業に駆り出されているのではないか、だとすれば、不本意だろうなと彼の立場に思いを巡らしていた。

浜松氏は目黒氏を前にじっと座っている。空気が止まっているようだ。目黒氏は耐えられなくなった。何か質問でもしなければ間がもたない。そこで付帯サービスについて、1つ質問をした。浜松氏は小さな声であったが的確に答えた。必要以上のことはいわない。そして黙っている。空気が再び止まる。目黒氏はまた別の質問をした。浜松氏は答える。そして沈黙。これが何度か繰り返された。

最初は息が詰まるような思いをしていた目黒氏であったが、徐々に浜松氏のペースに引き込まれていく。沈黙が続くと、目黒氏は何らかの質問をしようと考えだす。1つ質問すると、1つ疑問が解決する。これが繰り返される。目黒氏はこの空気感に慣れていく、むしろ気に入ってしまった。

結局、目黒氏は自分用の端末パッドを購入することにした。契約書にサインをした。これには自分でも驚くのであった。当初「押し売りされたらイヤ」だと思っていたら、結果的には気に入って購入してしまった。

応接スペースで浜松氏と別れたあと、目黒氏はオフィスに戻った。先の先輩が声をかけてきた。浜松氏のセールスはどうだったかと尋ねてきた。目黒氏は、自分用の端末パッドを契約したことを告げた。先輩は驚く様子もなく、「ああ、やはりそうか」という顔をした。目黒氏は先輩に尋ねた。あんなに無口な営業マンをこれまで見たことがなかったが、結局契約をした。なぜそうなったのか、自分ではよく理解できないと尋ねた。

先輩はこういった。おそらく浜松氏が沈黙することで、お客さんはじっくり考える時間をもてるのではないか。営業マンが話したいことと、お客さんが聞いてみたいことが必ずしも一致してはいない。営業マンが時間をいっぱい使ってトークをすれば、顧客の疑問を解消する時間がなくなってしまう。顧客の疑問に思う点はみな違っている。自分のひっかかる点を言葉にしてもらうための時間が必要なのだ。

それを聞いて目黒氏はハッとした。自分の営業スタイルは、とにかく一方的に話しすぎていた。お客さんに最後の方で「ご質問は？」と尋ねても、質問されることはなかった。それは質問がないのではなく、質問するための思案の時間を与えていなかったからだと気づいた。いつものクロージングは「それではぜひご検討ください」で終わっていた。目黒氏は今日、目からウロコが落ちる思いがした。

「でも、そのまままねるなよ」そういって去って行く先輩の背中に向かって、「わかっていますよ」といいつつも、自分の心を見透かされた気がした。考えてみれば、無口になればよいというわけでもないだろう。目黒氏は、顧客が考えるようにするためには、時間を与えるだけでなく、その状況をコントロールすることが必要ではないか、そのためには何をしたらよいのか、今日の浜松氏の言動をもう一度思い返していた。

解説 エピソード18
顧客が考えを整理する状況を作る

このエピソードで大事なことは、単に無口であればよいということではない。必ずしもこのスタイルが万能ではない。また、時間を与えれば顧客が考えてくれるということでもない。相手が考える状況を作っていくことこそが重要である。

このエピソードの中で、質問に答えるということが何度も繰り返されていた。顧客は自分のニーズを明確に自覚しているわけではなく、多くの場合、自分のニーズを合理的に説明できない。何気なく欲しいとか、必要ないとか感じているだけのことも多い。したがって、必要ないと感じているだけで本当は必要なものもある。あらかじめ明確に自覚できているものではない。

そこで、営業マンは質疑応答を通じて、顧客の考えを整理していく。合理的に考えれば、自分にとってそれは役に立つ、必要であるという思考に導くのである。これが「考える状況」を与えている、ということである。

買い手は、思考が整理できないうちは、買う気にならない場合も多い。その思考の整理を促すため、買い手に疑問点を口にしてもらうことが重要となる。そうすることで、自分の問題を明らかにし、自覚していくのである。そして、その疑問に対して営業マンが答えることができれば、ソリューション提案になる。顧客の問題解決が営業活動のポイントであるので、顧客にとって、何が問題かを顕在化する必要がある。

もし営業マンが、既存顧客が抱えていた問題を例にあげたとしても、目の前の顧客は別の問題を抱えているかもしれない。そうした状況を打破するために、顧客から疑問を提示してもらう。そこからソリューションが始まる。状況をコントロールする主導権をつかむことが、営業では重要である。

急に営業マンが訪問してきても、消費者は思考が停止している可能性が高い。営業マンが「一緒に考えてみましょう」というリードをしていかないと、状況は動かない。顧客側としても、一方的に提案ばかりされると、信頼するのは難しい。一緒に考える時間を過ごすというプロセスが、関係構築の重要なポイントである。

エピソード19

空回りする行動派

機械工具メーカーの新人営業マン片野氏は、行動力には自信があった。年齢が20代前半ということもあり、積極的であることが評価されてきた。学生時代は体育会系のクラブで活躍し、採用面接においても行動力を自分の魅力としてアピールし、採用された。

片野氏は業界で人脈を開拓しようと思い、勉強会に参加した。勉強は好きではないが、勉強会後の懇親会は気に入った。立食パーティー形式で、それぞれが名刺を交換する。片野氏はここで人脈を獲得しようと次々に名刺交換をしていった。顔と名前を憶えてもらおうとして、インパクトのある自己紹介につとめた。集めた名刺は30枚。しかし、誰が誰の名刺か判断がつかない。その様子を見ていた上司もあきれるほかなかった。

せっかく交換した名刺であるので顔は思い出せなくとも、お礼だけは30通、メールで送信した。その中の1人から返信があった。機械商社を経営する森口氏からであった。片野氏とビジネスのチャンスがあるかどうか、会って話がしたいという。片野氏はアポイントをとり、再会することになった。都内のホテルの喫茶室で待ち合わせた。

片野氏が約束の時間に行ってみると、テーブルには森口氏のほかに3名が同席していた。1人は広告代理店営業マン、1人は地元の不動産店主、もう1人は地元商店街のパン屋の主人であった。片野氏は、一体どういう話でこうしたメンバーが集まっているのか、見当がつかなかった。

自己紹介と名刺交換が済み、話が進むうちに今回の話の筋が見えてきた。森口氏はこの地元の顔役で地域活性化を進めたいと思っている人物であった。その他の3名も地域のリーダー格のメンバーである。森口氏は片野氏の積極的な性格を気に入って、自分たちのメンバーに迎えたいという。片野氏の会社所在地が、森口氏たちの地元に立地していた理由もある。片野氏はこうした人脈が今後の役に立つだろうと思い、地域活動のメンバーとして参加することにした。

後日、その話を聞いた上司は片野氏に質問をした。メンバーへの参加の目的、参加することのメリットは何なのか。片野氏は、とにかく人脈を広げることで、今後のビジネスチャンスにつながるのだと力説した。ところが、上司にとっては、それがどうビジネスチャンスになるのか理解ができなかった。

森口氏は機械商社の経営者であるから、もしかすると当社商品を仕入れてくれるかもしれない。しかし、それはあまり期待できる話ではない。仮にあったとしても小口オーダーに過ぎない。片野氏の業務上の優先順位から考えると、それは「うまい話」とは思えない。そして上司の懸念は、そのとおりになっていった。しかしそうなっても、片野氏は行動パターンを変えようとはしなかった。彼は、いずれ自分のやり方が正しかったことを証明できると考えていた。

解説　エピソード19

人脈づくりの生産性

営業マンがもっている人脈が顧客開拓や事業開発に有効な場合がある。とはいえ、そうした将来のために人脈づくりにどこまで積極的に行うべきかという問題は、どのように考えるべきだろうか。あるいは、このエピソードの片野氏の行動は、上司が思っているほど、重症だろうか。人によっては、人脈を広げるために外に出る行動力は必要で、むしろ、机に向かってばかりいて、外に出ない方が余程、問題だろうと思うかもしれない。

人脈を広げるための行動は、自分の限られた時間を資金に見立てて、リターンがあるかどうかわからない不確実な事業に投資を行うこととして理解するとわかりやすくなる。片野氏のような人は、そのリターンを計算していないか、あるいはリターンへの期待が過大であるために、自分の限られた時間を人脈づくりに投資しているのである。それに対して、彼の上司は、自分の経験からそのリターンが生まれる確率を認識し、そのリターンが思っているよりもずっと小さいと予測しているのである。

まず、片野氏は、人脈というのは広げるべきということを疑っていない。それはどこかで聞いた成功者の話に基づいて形成された信念であったり、自分の学生時代からの単なる習慣に過ぎなかったりするが、リターンを計算するということを忘れている可能性がある。

また、時間に関するコスト意識が希薄ということも考えられる。他のことに時間をかけてもリターンが得られないなら、人脈づくりに時間をかけた方がよいと考えてしまうのである。これは、行動派を支持する人に共通する意見でもある。つまり、新人の間は、机に向かっているよりは人脈づくりに外に出た方が、より生産的であるということである。

それに対して、上司は、なぜリターンがないと考えているのだろうか。1つには、商談を行うにはある程度の信頼関係ができていることが前提となるため、誰が誰の名刺かすら判断がつかないほどの浅い人間関係では、商談に発展する可能性は低いということがある。すると、数を打てば当たると考え、ますます浅い関係を広げる努力をしてしまうことになり、その成果を求めて、効果の薄い人脈づくりに精を出すという悪循環に陥る。

しかも、時間のコストが低いからという理由についても、やがて顧客との接触に時間をより多く使うようになれば、そのような効率の悪い時間の使い方もできなくなるため、新人の間しか通用しないと考える。さらに、人脈はメンテナンスが必要であり、それを行う時間が限られるようになったときには、過去に作った人脈が時間とともに失われていくことになる。そうであるなら、新人の間でしか通用しない人脈づくりに精を出すよりも、将来的に使えるスキルや能力を身に付けることに時間をかけるべきだということになる。

ただし、無駄を怖れるあまり、時間の投資を確実なリターンのあるものに絞り込む消極的なタイプになることが望ましいわけではない。人脈づくりにかけない時間を不要不急の作業に使えば同じことになってしまうからである。つまり、人脈づくりにかける努力を適切なレベルにするということが求められているのである。

ここで重要なことは、適切なレベルかどうかを考えて、自分でコントロールできるようになることである。もともと時間の使い方に無関心であれば、「やり過ぎ」と注意されれば、その指示に従うことだけを考えて、今度は人脈づくりに対して極端に消極的な態度をとってしまいかねない。それでは非効率な時間の使い方を相変わらず改善できないことになる。

エピソード20

エンジニアへのデモンストレーション

大崎氏は計測機器の販売代理店、ナカヤマ機器に勤めて5年目の営業マンである。ナカヤマ機器では、近年になって国内製だけでなく外国製の計測機器の取り扱いも始まった。大崎氏は大学時代に留学経験があるので、外国製機器の担当を任された。

今回はアメリカ製の金属の厚み計測器の販売を開始した。そのために、大崎氏がアメリカのメーカー本社に出かけて、10日ほどの研修を受けて帰国し、今後の国内販売のために、デモンストレーション機を預かり、見込み客に紹介していく。

彼は、見込み客へのアプローチを開始した。装置そのものは両手で抱えられる大きさであるため、自動車があれば客先での**デモンストレーション**が可能。その便利さもあって、ま

デモンストレーション

製品やサービスの内容を理解してもらうために、顧客の前で行う実演のこと。カタログではわからない情報があるので、顧客にとっては理解度が高くなる。しかし、営業側にとっては、実演のための費用（輸送費用、交通費、場所代等）が発生する。さらに、デモンストレーションをしても、必ずしも購入に至らないというリスクもある。

とはいうものの、デモンストレーションがないことには購入する気になれない顧客もいるであろう。その際は、顧客の問題解決に当該製品やサービスが貢献する点をアピールしなくてはならない。単に商品説明で終わってしまうと、どのように問題解決できるのかよくわからないままになっていることが多い。コストとパフォーマンスを理解してもらい、ソリューションを提案していくことを考えねばならない。

もなく数件のアポイントがとれた。そのうち既存顧客からの引き合いがあったので、まずはそこから始めた。既存顧客といっても、これまでの取引してきた部署とは異なり、新規に接触する担当者である。

この装置は超音波の技術を利用し、金属の厚みを測定する。測定数値はパソコンのモニターに映し出された。ここまでは問題なく進んだ。それからいくつかの質問が担当者から出された。例えば、出力したデータを表計算ソフトに自動入力できないか、測定ポイントを増やせないか、メンテナンスはどうなのか、などであった。今すぐ返答できないものもあったので、社に持ち帰ってメーカーに問い合わせることになった。電子メールでアメリカの担当者に連絡を入れ、後日、回答を入手して、顧客へメールを送った。

この際、大崎氏は上司からアドバイスを受けた。デモンストレーションから日が経つにつれて、顧客の購買意欲は低下していくので、早目に手を打った方がいいという。確かにそう思った大崎氏は一計を案じた。一度、メーカーのエンジニアの同行でデモンストレーションをしておこう。そうすれば、顧客が抱いたおもな疑問やリクエストがその場で回答できるし、顧客の購買意欲も高くなると考えた。アメリカのメーカーと交渉し、エンジニアの派遣が実現した。

今回のデモンストレーションはメーカーエンジニアの同行のため、かなり質問が出て、活発なやりとりが行われた。大崎氏は通訳として立ち回った。大崎氏も多くのことを学び、彼自身の商品知識はかなりアップした。逐一、メーカーに問い合わせなくても、大抵の質問に答えられるようになった。その結果、操作マニュアルやトラブルシューティングなどの書類も大崎氏の手で翻訳され、整理が進んだ。これで、大崎氏にとって、かなりの自信をもって次回以降のデモンストレーションに臨める準備が整った。それは良い方向に進んでいることには違いなかった。

しかしそれ以降、何度か客先でのデモンストレーションを実施したが、一向に受注に結び付かない。見込み客に実物を見せて、触ってもらい、活発な質疑応答をする。ほとんどの顧客は納得して気に入ったように見える。ところが結果が出ない。大崎氏は、なぜ受注に結び付かないのか理解できずにいた。このままではいけない、そう思うのだがどうすることもできずにいた。

大学時代の友人にこの話をする機会があった。彼はエンジニアとして大手企業に勤務しており、ユーザーの立場を理解していた。彼は、それはよくある話だといった。

エンジニアというのは、自分の知りたいことを知ってしまうと、そこで満足してしまいがちだという。つまり、知識を得たいことと、装置を手に入れたいこととは別物なのだ。言い換えれば、彼らは装置が欲しくて、デモンストレーションを依頼したのではなく、当装置の構造や特徴を知りたくて依頼してきたに過ぎないという。購入を検討するために質問をしているのではなく、エンジニアの知識欲がそうさせているのだ。結局、出張授業のようなもので、知らないことがわかったらそれで終わりとなる。購入意欲がそもそもない場合も多い。

大崎氏はなるほどと思った。もし購入意欲があれば、顧客が交通費を支払ってこちらに出向いてくるであろう。しかし、顧客が出向いてまで欲しいと思う商品かというと、そうではない。大崎氏は頭を抱えた。

随分あとになって大崎氏はあることに気づいた。客先デモンストレーションにおいて、大崎氏自身が営業をほとんどしていなかった。メーカーのエンジニアに従って、自分も技術説明に始終していたのである。そのことに大崎氏は大いに反省するのであった。

解説　エピソード20

受注に結び付かない引き合い

顧客から引き合いがくると、何とかそれを受注に結びつけようという意欲が高まるものである。その場合、冷静な目をもっていないと、このエピソードのように空振りに終わることが多い。つまり、本当に購入意欲がある引き合いなのか、単なる情報収集なのかを見極める目をもつ必要がある。

よくある例として展示会がある。多くの企業がブースに出展して、来場者を相手に自社商品のアピールをする。しかし、目の前の訪問者が本当に顧客になるかどうか判断をする必要がある。訪問者の中には、時間つぶしのためにブースを一回りしているだけの人もいるだろう。ちょっと気になったブースを覗いて、あれこれ質問し、なるほどと思ったらそれで終わりである。後日、名刺を頼りに電話をかけても、話が前に進むことはまれである。そうした場合、深追いは禁物である。

さて、デモンストレーションの場合、かなり詳細な製品仕様が明らかになるため、顧客としてはとりあえずみておきたいと思うであろう。ただ問題は、その顧客が何らかの課題解決のために困っているのか、という点である。困っていない人物に製品を見せても、「勉強になりました」となって終わってしまう。やはり、見極めが必要になってくる。

もう一点、注意が必要なのは、ライバル社との比較をしたいためにデモンストレーションを依頼する見込み客である。彼はすでにライバル社のユーザーかもしれない。あるいはすでにライバル社の見積もりを入手して、かなり商談が進んでいたりすることもある。

このエピソードでは、海外メーカーからエンジニアが応援で来日している。これもよくある話であるが、そのエンジニアは営業マンではないため、製品の使用は詳しくても価格交渉にはノータッチである。そのため、商談というより出張授業で終わってしまうことが多い。

ただし、空振りを懸念して、慎重になるあまり、顧客からカスタマイズの話が出たとしても、概算見積もりが出せないとすれば、貴重な機会を逃すことになる。顧客にはその日はいったん帰ってもらい、後日に見積もり提出となるようでは、せっかく顧客の購買意欲が高まったとしても、日数が経つことで冷めてしまったりする。それゆえ、引き合いに対する対応は判断が難しいことになる。

エピソード21

組織的な顧客開拓の落とし穴

顧客データ管理システムを国際的に販売している外資系企業、グローバルセールスシステム（ＧＳＳ）日本法人の徳島営業課長は、自社内での顧客データ管理システムの運用がうまく行っていないことに頭を抱えていた。

ＧＳＳの典型的な販売方法は、全国各地で頻繁に顧客データ管理に関する**セミナー**を開催し、ダイレクトメールや広告を使って、顧客データ管理に関心をもつ潜在顧客を集客し、ＧＳＳの製品を紹介するというものであった。

徳島課長がみていたのは、昨年度の関東エリアの実績データで、そこには、１年間に48回のセミナーやイベントを開催し、約２千社の潜在顧客を集めたが、そのうち営業が訪問できたのが３００社ほどで、成約は60件にとどまっていた。しかも、営業が訪問できなか

セミナー

セミナーとは、本来、少人数クラスで開かれる勉強会のことをいうが、営業で使われるセミナーとは、製品の内容にかかわる講演会を通じて、潜在顧客を発見していこうという目的のものである。多くの場合、集客力のあるテーマの講演会を無料や低料金で開催する。

セミナーの場合、参加者はじっくりと質問ができる機会が設定されているため、多くの情報を吸収することができる。セミナー担当者側も、製品仕様については高度な知識をもっているため、レベルの高いプレゼンテーションが期待できる。コスト面からいうと、全国にちらばっている顧客を一軒一軒訪問するよりも、一か所でセミナーを行うことで経済的な効率が高まる。

ったうち、アプローチして断られたのは1割ほどで、4分の3のリスト顧客は営業がアプローチしていなかった。また、たとえ営業が訪問しても初回の反応が悪ければ、そのまま放置されていることも、そのデータは示していた。

GSSのデータベースシステムでは、こうした営業活動のデータを顧客別や営業担当者別のほか、成約までの**進捗段階**別でも分析でき、販売先にはその分析の定期的な実施を推奨していたが、GSSの社内では全体的な動向をみることにとどまり、その詳細な分析があまり行われていなかった。「これではまさしく紺屋の白袴だな」徳島課長は思わずつぶやいた。

徳島課長は、経験の浅い営業ほどリスト顧客を放置するのだろうと思って、データを担当者別で分析してみた。もしそうであるなら、すぐに部下たちにこの問題を認識させ、潜在顧客のフォローをしっかりさせればよいと考えていたが、データではむしろ逆に、経験豊富でしかも有能な営業ほど、リスト顧客を放置する傾向を示していた。

「確かに見込みの薄い潜在顧客にアプローチするは、効率的とはい

進捗段階

営業活動は顧客へのアプローチから始まり、クロージングまで一連のプロセスで成り立っている。その進捗段階に応じて、求められる知識が異なってくる。

かつては営業結果のみを重視して、受注できたかどうかだけで評価されるアウトプット管理が主流であった。その場合、営業マンが上司にアドバイスを求めても、営業の進捗状況が漠然としているので、気合や根性で乗り切れという形になり、解決にならない場合が多い。

そこで営業プロセスをいくつかの段階に分解し、各段階への進捗具合をチェックするというプロセス管理が注目されている。アプローチからクロージングまでの、どの段階で問題があるのかがわかれば、対策を立てることができる。そのためには、各営業マンが進捗の内容をレポートする必要がある。

えないな」徳島課長は、自分の経験を踏まえて、有能な営業になるほど、潜在顧客リストに対する嗅覚ができて、割り当てられた顧客リストから成約に結びつきそうなものをピックアップし、そこに重点的にアプローチするはずだということに思い至った。

それがわかったためデータベースシステムを閉じようとしたが、何となく違和感をもち、思い直してアプローチしない理由の記録を見てみることにした。GSSでは、入力の手間を省くように選択肢にチェックするだけになっていたが、いずれも「商談見込みがないから」「担当者権限がないから」のどちらかにチェックが入っていた。商談見込みがないとは、企業規模や産業からGSSの顧客になりにくいということであり、担当者権限とは、システム導入の意思決定に関与する部門や役職ではないということである。

そこで、部下の1人にどのように判断しているのかを聞いてみたところ、顧客データを確認することなく、セミナー参加者の社名や役職だけで商談の可能性をざっと判断し、あとで見直すこともしないことがわかった。しかも調べていくうちに、こうしてふるいにかけて落とされた企業の中に、後日、相手先からの問い合わせがあり、最終的に成約に至った企業が結構あることがわかった。だとすれば、効率性を重視するあまり、せっかく集めた潜在顧客のリストを無駄に捨てていることになる。徳島課長は、やはりこの問題を放置しておくべきではないと思い始めた。

しかし、部下に潜在顧客データをもっと時間をかけて精査するようにというのは、その解決策ではないことはすぐにわかった。毎週のように開催されるセミナーの準備や当日の作業、来訪する顧客への対応に忙殺され、顧客データをじっくり分析する時間をどのようにひねり出すのかという問題が立ちはだかっていたからである。

そこで徳島課長は、課内の毎週の会議で定期的に顧客データを分析する機会を設定し、特に重点顧客については、進捗管理を課として行う方式に改めることにした。そして、この方法が有効であることが確認されたため、今後は日本法人全体でも導入される運びとなったのである。

徳島課長は、このように自分が提案した方法が全国に広まることについて、誇らしい気持ちにはまったくなれなかった。徳島課長自身もデータは目の前にあったにもかかわらず、それまでこの問題に気付かないでいたからだ。気が付いたのも偶然としかいいようがなく、そのままデータの見直しをしなかったことも十分にあり得ることだ。顧客には「問題意識をもたずにデータを分析しても何も見つからない」といっているが、自分もその落とし穴にはまっていたことを改めて気が付かされた。そう考えると、自分や部下たちがどうすれば問題に気が付けるようになるのかを考えざるを得なかったのである。

解説　エピソード21

組織として顧客開拓をする重要性

このエピソードのように、せっかくセミナーをして、多くの顧客データを入手したとしても、放置したままだとそのデータは無駄になる。似たようなケースでは、展示会で名刺交換をして、それで終わっているのもよくある。営業マンに時間がない、あるいは社名だけで見込みがないと判断することもあり、フォローに手が回っていないのである。そして、展示会から日がたつにつれて、顧客の関心も低くなってしまうため、後からアポイントをとろうとしても、とりにくくなっているのである。

さて、営業には2つの役割がある。1つは重要顧客の維持である。この場合、営業マンは顧客関係構築のための活動が中心となる。そのためのデータの管理は重要であるが、それを営業が怠るケースは少ない。顧客との信頼関係を形成するためには、不可欠な作業だからである。

そしてもう1つの役割は、新規の顧客開拓である。この場合、多数の潜在顧客に対してアプローチをかけていくため、その顧客開拓のデータの収集や分析を営業マン個人で行うのは困難である。1人で対応できる時間的リソースは、絶対的に不足するからである。また、データをどのように分析すればよいか、その能力までを営業に求めるのも難しい。データを分析するには、それなりの専門の担当者を配置することが必要である。そこで、組織的に顧客開拓していこうという流れが生まれてきた。

他部門との連携やデータの活用をしながら行うのである。膨大な顧客データを管理する担当者を配置して、営業の支援を行うといった組織的な体制は、トップの理解が不可欠であり、大きな営業改革になる場合も多い。

第5章

顧客を分析する

エピソード22

自信のあった提案

総菜や弁当をスーパーに供給するアマモト食品の関東営業部の小山氏は、取引先の総合スーパー、ハヤセの店舗改装に伴う弁当コーナーの提案を求められた。そのスーパーの近くには、1年前に公営のイベント会場が建てられ、そこでは頻繁にプロ格闘技のイベントが開催されている。この店舗は、最寄りの駅からイベント会場に向かう一本道の途中に立地するため、イベントのある日は、そこで弁当や飲み物を購入する格闘技ファンで混雑していた。ただし、提案を求められたのはアマモト食品だけではなく、ハヤセの取り扱いシェアを巡って争う別の大手の総菜業者とのコンペとなっているようだった。

小山氏は改装前の店舗に何度も足を運び、その客層が、いかにも格闘技が好きそうな、若くて体格のよい男性が多く、高カロリーでボリュームがある弁当を購入することをつかんでいた。そこで、「ガッツリ系」というコーナーを作り、そこにフライなどの揚げものや焼き肉の弁当の品数を増やして陳列し、男性顧客たちの食欲に応える陳列提案を行った。この提案は、精肉業から総菜へと展開したアマモト食品の強みが生きた提案であり、ヘルシー系の総菜を得意とする競合よりも有利であると見られ、小山氏は自信をもっていた。

しかし、ハヤセは、競合企業の方の提案を採用した。その提案は、小山氏の発想とは、まったく異なるものだった。それは、弁当コーナーの近くにもレジを設置し、弁当や飲み物、スナック菓子だけを購入する顧客は、店舗内を回遊せず、入り口付近の弁当コーナーで買い物ができてしまうようにしたものだった。改装後の店舗の様子を見に行くと、イベントに行く顧客が、弁当と飲み物だけを手にもち、レジに行列を作っていたが、どの顧客も品目が少ないので、レジ待ちの時間も短く、スムーズに支払いができているようだった。

それと同じ光景を小山氏は別のところで見たことに気づいた。コンビニのレジ待ちの行列である。顧客の多くは、カゴをもたず必要なものだけを購入して出て行く。この人たちは、コンビニで弁当を買うつもりで駅を降り、たまたま、スーパーを見かけたので入ってきた顧客であろうか。少なくとも、この顧客は、ここがスーパーであることに頓着しておらず、手っ取り早く弁当を買って、会場に向かおうとしている。また、客導線がイベント客と一般客とに分かれることで、店舗内の混雑した雰囲気も和らいでいる感じがした。

小山氏は、顧客タイプのことばかりを考え、そこに合わせた品揃えを提案するというレベルにとどまっていたが、ライバルは、スーパーとコンビニの違いをどう埋めるかを考え、レジの位置を変えるという一歩踏み込んだ提案をしたと考えられる。

アマモト食品はコンビニとも取引があるため、小山氏もコンビニとスーパーの違いは認識しているつもりだった。しかし、改装前の店舗でレジを待つ行列から、スーパーの中にコンビニを作ってしまうという発想は出てこなかった。その発想がないかぎり、レジのことに気が付かないのは当然のことだった。おそらくライバルはレジの場所を変えることのメリットをハヤセに説明したのだろう。小山氏は、革新的な提案のチャンスはいたるところに転がっていると改めて認識した。

解説 エピソード22

顧客を分析する能力

提案営業というのは、顧客に製品やサービスを「提案」して販売するというだけではなく、顧客の抱えている問題の解決策を提案するというスタンスが基本になる。そのような提案営業を成功させるための条件としては、前に述べたように、顧客との信頼関係を作ることがまず重要になる。信頼関係がなければ、顧客の抱える問題についての情報を集められず、顧客に提案を聞いてもらうことも難しくなる。

さらに、この信頼関係に加えて、提案営業のためには、営業に顧客を分析する能力が必要になる。ただ顧客からもたらされる注文や要望だけを聞いて、それに対応するような「解決」の提案であれば、高い分析能力は必要としない。しかし、受動的に顧客の要望に従う行動をとっていれば、競合他社にも同じような要望の情報が伝わっていると考えられるため、競合と同じような提案しかできず、それでは価格が安い方が選ばれてしまうことになる。すると、顧客の注文に的確に応えたにもかかわらず、価格競争のため利益が出ないことになってしまう。

それゆえ、提案営業では、受動的に対応することや他社と同じような提案をすることは避けなければならない。しかも、一方的な売り手本位の提案であっては、独自性は出せるが、そもそも顧客の需要に応えていないために、提案を受け入れてもらえない。

そこで、他社や顧客でさえも、まだ気が付いていない問題やニーズを捉えることが重要になり、顧客の需要を分析する能力が問われることになる。そして、その情報源は、顧客が直面している市場、つまり顧客の販売先としての「顧客の顧客」にあることが多い。すなわち「顧客の顧客」を観察して、潜在的なニーズを知ることが大切である。

エピソード23

提案の視点を変える

調理器具メーカーのブライトキッチンは、かつては業界の二強といわれていたが、今では業界トップの企業に市場シェアで大きく離され、近年は、外資系メーカーの市場参入で、２位のポジションも危うい状況になっている。

この会社では、十数年前から販売代理店と協力して全国の大手小売への営業活動を直接展開するようになっていた。しかし、関西エリアの営業課長である上野氏は、小売への営業がほとんど成果をあげていないことに悩んでいた。関西は業界トップの競合企業が創業した土地ということもあり、全国の中でも低いシェアしかとれていない難しい地域だった。

そこで、上野課長は、関西各地の営業セクションリーダーを集めた定例の営業会議において、セクションリーダーの管理する若手の営業課題、セクションリーダーの部下の育成問題など、フリーディスカッションの形で、できるだけフランクに聞いてみることにした。

すると予想していたとおり、新規の営業先が当社の製品に関心をもってくれず、門前払いのような状態で、新規顧客開拓へのモティベーションが上がらないという。しかし上野課長が知りたいのは、それに対するセクションリーダーのアドバイスや指示のあり方であった。

リーダーは異口同音に「顧客を分析すること」をあげた。開拓できていない顧客については、店頭をよく観察して、分析した上で、顧客への提案をさせているようだった。それはこの数年、当社が重視してきたことだった。「正攻法ではあるが、何かが足りない。」上野課長は、天井を仰いで考え込んでしまった。営業をするきっかけや糸口がない状況では、顧客を分析しようにもうまくいかないという袋小路に陥っているのではないだろうか。勉強がわからない生徒に「理解しろ」と命じているようなものではないのか。上野課長は、逡巡したあげく、部下たちが自社の強みを十分に理解していないのでは、とリーダーたちに問いかけてみた。特に何かに思い当たったというわけではなく、問題の糸口を探るつもりであった。

「理解し過ぎているぐらいですよ」1人のリーダーがすぐに答えた。「強みは1つだけだと初めから思い込んでいるところがありますね」別のリーダーも何かに気が付いたようにいった。しかし、多くのリーダーたちは、この禅問答のような会話についていけないようだった。

「では、自社の強みが1つではないと想定して、うまくいった事例はありませんか」上野課長が尋ねると、いくつかの営業事例が出てきた。ある若い営業が、営業先で一番手になることではなく、まずは二番手としてライバルの弱みをカバーする提案で受注がとれたという。それは大した販売額ではなかったので成功事例としてあがってこなかったものだった。

とにかくトップの企業から市場を奪うために、正攻法で自社の定番の強みを営業先に提案する。それで相手にされないなら、一度引いて考えて、今の営業先がライバル製品で埋めきれていない箇所を探る方法もある。どうも自社の強みと顧客の分析は、交わらない平行線のように認識されているが、その2つをうまくつなげられずに新提案ができないようだ。

上野課長は、今日の議論を踏まえて、セクションリーダーとして部下に指示・実行させた上で、次回の定例会議で成果報告させることにした。これで問題が一気に解決するほど甘くはないと承知していたが、今よりはよい状態に動かせそうだという手応えは感じていた。

解説 エピソード23

顧客を分析する「視点」の重要性

顧客ニーズの情報を集めて、提案をするのは、営業の中でも最も難しい仕事の1つである。信頼関係が形成されていれば、顧客からの「宿題」という形で忌憚のない顧客の問題に関する情報が手に入るかもしれない。しかし、このエピソードのブライトキッチンのように市場に食い込めていない状況では、信頼関係は十分とはいえず、そうした「宿題」をもらえないだろう。また、顧客が具体的な要望を出すときは、前に述べたように、競合も同じ要望を聞いているため、結局は、価格競争になって、利益が期待できないおそれがある。

そこで、顧客の抱える問題に対応し、顧客のニーズに合致していながら、顧客さえも気が付いていない問題を探り当てることが重要となる。それは顧客の状況を観察したり、顧客とのコミュニケーションの中にあるヒントを探ったりして、顧客の潜在的な問題を顧客にかわって分析することである。

このような顧客分析には、分析する「視点」が重要となる。落とした財布を捜して見つけられるのは、落としたものが「財布」だと知っているからである。何かを落としたかもしれないという状況では、何を探したらよいかわからず、途方に暮れるだけだろう。これと同じことで、分析する視点をもって、探すものを絞り込まないと、何を探せばよいかわからなくなるからである。この「視点」というのは、問題意識や仮説と言い換えてもよい。

ブライトキッチンの上野課長が感じた手応えとは、視点を変えることで見えてきた課題である。「顧客のニーズは何か」よりも「ライバル製品で埋めきれていない所はどこか」という絞った質問の方が、問題解決の糸口はより見つけやすいだろう。

エピソード24

アナログにこだわる上司

オフィスの情報システムを扱うパシフィック・システムの大阪支店の加山営業課長は、報告や相談は必ず口頭で行うことを部下に強制している。部下がメールで報告しても読まず、添付ファイルで送った資料は見ないと部下に言い渡していた。それどころかプリントアウトした書類ですら手書きでの書き直しを命じられることもある。

例えば、部下が出社して朝からパソコンに向かっていると、口うるさく注意する。別の支店から移ってきた森田氏は、かつての上司とまったく違う対応にとても戸惑った。かつての上司は、さまざまな報告をメールで送らせ、しかも些細なことのメールでもｃｃ（カーボンコピー）を使って情報共有することを望んだからだ。

ただし、この営業課長が、ハイテク機器に弱いというわけではない。むしろ、数年前には情報システムを使った顧客への新規のサービスの展開で社長賞を得ている。部下が作成した顧客へのプレゼン資料に彼が少し手を加えるだけで、見違えるようになることもしばしばあった。

そこで、森田氏は仕事の合間に加山課長に、なぜアナログにこだわるのかを単刀直入に聞いてみた。

しかし、加山課長はそのことがさも大事なことではないように、「お前には今はほかにすることがあるだろう」と対応してくれなかった。

それから幾日か経ったころ、仕事の後の酒の席で森田氏は同じ質問をする機会があったが、今度は、すんなり教えてくれた。

それは次のようなことだった。営業の仕事というのは、考える時間が最も大事だということを常に意識しなければならない。確かにパソコンを使っていれば、忙しそうに見えるが、考える時間を削っているだけのことがほとんどだ。メールで報告するのは、口頭で行うよりも余計な時間を使うことになる。間違いがあれば、その訂正や確認でまた時間を使う。

しかも、ｃｃで情報を共有した気になっているが、それは情報共有ではない。ただ共有したという記録を残し、免罪符をもらうためのことに過ぎず、本当の意味での情報共有になっていない。効率性を求めているように見えて、実は、無駄な時間をかけて無用なことをしているだけだ。

人と会話する場合は、頭をフル回転させて考えることができるだろう。つまり、人の微妙な反応を瞬時に判断して、情報を細かく修正したり、人の意見を取り入れたりして、考えをその場で改め、あるいはそれを確認することもできる。つまり、対面というのは、考える上で最も良い条件を作り出すということなのだ。その時間を効率性という視点で削ってはいけない。営業マンにとって内勤の時間は希少だから、内勤の時間に、効率の悪いコミュニケーションに時間をかけてはいけない。前に質問に答えなかったのも、そのときはそのことを議論する時間ではないからだ。

森田氏は、このとき初めて加山課長がつねづねいってきたことの意味を理解することができた。これまではそのことがわからず、質問した自分が恥ずかしくもあった。そして、同僚が同じような疑問をもっているから、今日のことを同僚に伝えますというと、加山課長は、再び真顔に戻り、「まだわからないのか。」といって、次のように言葉を続けた。

「今日の話で、大事なことは、情報伝達でアナログがよいか、デジタルがよいかということではない。とにかく営業では考えることが大事だということだ。つねづね私は、考える時間と機会を作ることが管理者の大事な役割だと思っている。私が彼らに聞かれて説明するのはよいが、彼らが問う前に君が一斉に伝えてしまうと、彼らの考える機会を奪うことになるだろう。もし、わからなければ考えるだろうし、考えてわからなければ、聞くだろう。聞かれたらヒントを出すこともあるし、自分で考えるように突き放すこともある。いずれにしても、彼らはまた考えることになるだろう。そうして少しずつ間を埋めることが大事で、そこに効率化を求めてはいけないのだ。それは営業のやり方にもつながることなのだ。」

加山課長は、そういうと、森田氏に「その意味がわかるだろう」と諭すような目を向けた。森田氏は、その意味がわかったようでもあるが、それが本当の答えではない気もした。しかし、「それはどういう意味ですか」と聞くのではなく、自分で考えて、自分の言葉に置き換えなければならないということはよくわかった。

森田氏は、自宅に帰る電車の中で、先ほどの加山課長の言葉を思い返してみるのであった。いつも見慣れた車窓の景色さえも何か意味があるように思えて、不思議な気持ちがしていた。加山課長は「考えることで、これまで見えなかったものが見えるようになる」ともいっていたが、それが自分にもできそうな気がしていた。

解説 エピソード24
考えることを省かない

このエピソードでは、情報伝達でアナログがよいか、デジタルがよいかということではなく、効率化のために考えることを省略してしまいやすいことを警告している。

これはＳＦＡ（セールス・フォース・オートメーション：営業支援情報システム）の導入においても問題になりやすい（エピソード35参照）。ＳＦＡでは、顧客、商品、営業プロセスに関するさまざまな情報がデータベースの形で営業のために提供される。営業はモバイル情報機器を使って、外出先でも随時、必要なデータを引き出して利用できることになる。

これは、営業に高い情報処理能力があれば、顧客の分析や提案営業の強力な武器となる上に、自分の営業活動で問題がどこにあるのかを分析することもできる。この場合の情報処理能力とは、自分で仮説を立てて、それを確かめるために必要なデータを使いこなす能力のことである。飛行機の操縦でいえば、たくさんの計器・表示盤を見ながら、外界や機体の異変に早く気が付いて、適切な対応をとることと同じである。

ところが、これらのデータを使いこなせないとどうなるか。データを記録したり、チェックしたりすることで、分析した気になってしまい、それらから何かの異変や気づきを得ることをしていない。それなら、このエピソードのように、かつての「有視界飛行」のスタイルに戻って、自らの五感を頼りに操縦した方がよいというのも無理からぬ主張となる。情報支援は考えるための道具であり、かわりに考えてくれる道具ではなく、ましてや考えた気にさせるための道具でもないのである。

第6章

組織の力を使う

エピソード25

データ分析の重要性を知る

大宮氏は中堅食品メーカー、平安食品に勤める入社2年目の営業マンである。主な仕事は、スーパーなどの小売店に主力商品であるレトルト食品の提案である。平安食品はヘルシーな具材にこだわっており、他社の平均価格よりも高く設定されていた。今後は高級具材を使用した商品開発も視野に入れている。販売に関しては卸売業者に丸投げしていたが、社長の方針が一新し、大手・中堅小売店に対しては個別に提案・対応することになった。

そして、今年からは営業部に新しく営業支援スタッフが配置され、販売データを分析するようになった。すると、卸売業者を経由していた場合にはまったく見えていなかった販売の実態が、データを介して見えてきた。

大宮氏は上司とともに中堅スーパー、ミヤコスーパーのバイヤーを訪問。平安食品の売れ行きが思わしくなく、バイヤーからは値下げのプレッシャーをかけられていた。上司は売れ行き不振の原因を見つけたいので再度訪問させてほしいと願い出た。その商品は平安食品の主力商品であり、他のスーパーからは売れ行き不振の声は聞いたことがない。上司も心当たりがないため、営業支援スタッフの堀川氏にデータを分析するように指示を出した。

堀川氏の分析によれば、主力商品は1パック入りの1人用商品。1人暮らしの顧客をターゲットに開発したものだ。ところがミヤコスーパーの周囲はファミリー層が多いため、ニーズに合っていないという仮説を導いた。上司は提案する商品の見直しを検討した。平安食品には、もともと2パック入りのファミリー商品があった。これまでは卸売業者に任せていたので、ファミリー向け商品がどこで売れているのか見当もつかなかった。

堀川氏の導いた仮説をもってミヤコスーパーを再訪問。今回は、上司と大宮氏そして堀川氏も同行した。バイヤーに仮説の説明をし、2パック入りも提供することを提案した。1パック入りを半分にして、空いたスペースに2パック入りを並置することになった。

その結果はすぐに表れた。確かに2パック入りの方が売れ行きはよかった。そこで、次は思い切って2パック入りだけを並べてみた。しかし、今度は売れ行きは低下した。

堀川氏は他社商品との価格を比較してみた。他社の平均価格は1パック入り170円、平安食品の場合は1パック入りが180円、2パック入りが350円で

仮説検証

あらかじめ仮説を立て、それを実行し、調査を通じてその仮設が支持されるかどうかを検証していくこと。小売店の売場では、とにかく売れ筋商品を揃え、回転率を上げていくことが求められる。ところが、どの商品が売れるのか事前にはつかめない。そこで、仮説を立て検証していくことで効率的に売れ筋を絞り込もうとするのである。

仮説が支持されなかった場合、その仮説は修正されることになる。このプロセスを繰り返すことで、売れ筋の条件が明らかになってくるのである。

あった。堀川氏は次のように分析した。平安食品が1パック入りと2パック入りを並べて置くと、180円と350円の比較になり10円分お得に見える。しかし2パックのみを並べた場合、他社の170円と平安食品の350円が比較される。他社商品なら2つ購入しても340円なので、平安食品ではお得感がない。

上司は堀川氏の解釈を採用し、今後は1パック入りと2パック入りを並置する戦略で進めることにした。後日、平安食品の3人はミヤコスーパーを訪問しその考え方を説明した。バイヤーもその方向で納得したので、先の値引き問題は無事に収めることができた。大宮氏は、もしデータがなければこうした**仮説検証**を導く自信はないと思った。今後、他社がデータ分析による提案を活発にしてくると したら、身の引き締まる思いがした。

解説 エピソード25

チーム営業の活用

営業マンが1人で販売交渉から売れ筋の分析まですべてカバーすることは困難である。そこで、チーム体制を作り上げ、データを分析する担当者を置くといった考え方が必要になる。これはチーム営業とも呼ばれている。ちなみに、チーム営業には2種類あり、このように営業部や営業企画部による営業チームのほか、開発などの技術系部門と営業を組み合わせた部門横断的チームというのもある。

さて、同じ商品であっても地域によって売れ行きが異なる場合がある。スーパーマーケットの棚に置かれているレトルトカレーも、ファミリー層の多い地域とそうでない地域では、売れ行きが異なるため工夫が必要である。ファミリー層が多ければ、子供向けのキャラクター付き商品や甘口タイプのものを準備しておくべきだろう。

こうした仮説を実証し、データとしてもっている場合とそうでない場合では、大きく差が出てくる。どこに出てくるかというと、バイヤーへの説得力という形で現れてくる。

一昔前の営業スタイルであれば、営業マンはバイヤーと個人的に仲良くなって、注文をもらうといったことが主流であったが、それでは今の厳しい競争に勝てなくなっている。しかも、そのバイヤーが異動してしまうと、再度、関係構築から始めなければならない。営業マンが転勤や退職で変われば、同様に一からやり直しである。大きなリスクがある。

それに対し、チーム体制で臨めば、顧客への提案力を高めることもできる。営業チームがデータをもとにバイヤーと商談する場合、過去の経験だけではなく、数字で表現できると提案内容が具体的にイメージできる。そして、その分析がうまくいけば、ライバルとの差別化が可能になる。さらに、データを裏づけとしたソリューションを示すことで、企業対企業としての関係を深めることにもなる。

ある企業では、営業マンと分析担当者だけではなく、支店長と課長クラスも同行し、4人体制でミーティングに臨んでいるという。すると、バイヤー側も店長クラスの参加を促せるので、より上位の店舗規模での戦略的な視点からのソリューション提案が可能になる。

現場クラスの担当者だけのミーティングでは、つい価格交渉だけに陥りがちになる。そうではなく、データをもとにイベントの提案や地域特性の分析などを提供することで、バイヤーも一目置くようになるであろう。

このように、営業マンにしてみれば交渉を有利に進められるというメリットのほか、バイヤーから課題を預かり、それに応えていくといった提案の機会を手に入れることもできる。そうした関係を継続していくことで、信頼関係も深まっていく。

エピソード26

作り過ぎた商品在庫

婦人靴の中堅卸売業者であるエルアンドは、海外靴メーカーとライセンス契約を締結し、アメリカでは知られている「アビルズ」ブランドの日本国内の小売店への販売を行うことになった。アビルズは、30代後半以降の女性が履くハイヒールという製品コンセプトのもとで、大人っぽい洗練されたイメージと人間工学的にヒールが高くても足に負担がかからないデザインに特徴があった。

このアビルズを担当する石川氏は、入社8年目の営業課長であったが、今回は、海外の工場への発注から国内の靴小売業者への営業活動までを統括することになった。しかも、アビルズは、エルアンドの社長の肝いり事業であり、社長は石川課長の能力を見込んで、若い石川課長を抜擢したのだった。

しかし、石川課長は、その初回発注において大きな判断ミスをした。アビルズの大々的な国内販売のために、エルアンドは有名女優を使ったTV広告を展開していたが、その広告で使われていた商品を大量に発注する際に、それとはイメージのやや異なるデザインも同様に大量発注してしまった。商品部もそのことに気が付いていたが、社長のアビルズにかける意気込みを知っていたため、発注量を抑えたり、時期的に納品を分散させたりするように進言することは何となく憚れる雰囲気であり、そのまま注文をとおしてしまった。

その結果、広告されたデザインの方は全国の小売店で飛ぶように売れて、すぐに追加発注が必要になっていたが、広告商品とは傾向が異なる商品になるほど、小売店からの注文がとれず、大量の商品在庫が倉庫に眠ったままとなり、そのコストもかなりの負担となっていた。

そこで、石川課長は、社長の後押しを得て、広告・販促を担当する営業企画に、「疲れないヒール」の特徴を説明する店頭販促物や適切なサイズやヒールの高さを測定できる診断キットを作成してもらい、営業部全体にも協力を求め、小売店にアビルズのコーナーを設置するように全国の小売店への営業活動を一斉に展開した。さらに、購入した消費者がアビルズの履き心地を気に入り、すぐに違うデザインの商品を買いに来るという情報を小売店から聞き、購入後1ヵ月以内であれば2足目のアビルズに割引が得られるクーポンを出すなど、販促キャンペーンも積極的に展開していった。石川課長は、以前から営業において他の部門とは連携をとるように心がけていたため、こうした**部門間協力**はスムーズに行うことができた。

部門間協力

部門間協力とは、営業や技術といった異なる部門が協力しあえる体制をとることを指す。ところが、これは簡単ではない。部門ごとにそれぞれ組織の文化的な違いがあり、言葉の捉え方や考え方に差があることが多い。

2つの異なる部門のリーダーが違う考えの持ち主の場合、部下もそれに引きずられ、コンフリクトが生じる可能性がある。同じ会社の人間だから協力しあうのは当たり前だといえども、細かい部分で齟齬が生じてくる。

もしコンフリクトが存在していると情報の共有がうまく進まない。あるいは見返りを求める、思い通りのリターンがないとコミュニケーションを閉ざしてしまう、そういったことも起こり得る。そうならないためには、常日頃からコミュニケーションがうまくとれるよう、社内の意識改革を進める必要がある。

そして、これらの販促が功を奏し、アビルズの倉庫にあった大量の在庫は一掃されただけでなく、TV広告が終わった後も、アビルズを長く売れ続けるブランドに育てることができた。

しかも、エルアンドにとっては、当初は、海外のブランドを広告で大量に販売するというラフな計画で動き出したが、石川課長の失敗から、営業、販促、広告の連携で売ることの重要性を学ぶことができ、しかも、このときに売り場作りのノウハウを取得できたことは、後に、エルアンドが直営店を展開し、靴の小売事業に進出する基盤となった。

解説 エピソード26

思い通りにいかない部門間協力

部門間が協力すべきであることは誰しも理解しているが、現実には思い通りにならないことが多い。なぜうまくいかないか、いくつかの理由が考えられる。1つには、各部門独自の考え方があるということ。営業部門からすると「売れるものを作るのが技術や開発の仕事」だと考えている一方、開発部門では「売れないのは営業の努力が足りないから」となる。

こうした齟齬は多くの企業で起こっている。この問題を解決していくには、各部門の責任者の相互理解、ひいてはコミュニケーションを促進していく必要がある。大局的な視点で物事を捉え、各自の部門の利害だけに固執しないことが重要だ。

2つめは、協力して仕事をした経験の乏しさにある。つまり、小さなプロジェクトでも構わないので、日頃から部門間でクロスファンクショナル・チームを組織し、経験を蓄積していく取り組みが求められる。小さな成功を積み上げていくことで、大事に備えるのである。

同じ会社の人間だから協力すればうまくいくはずだ、というのは甘い考え方である。他部門との連携は簡単ではない、という認識から出発し、共通の目的・目標を達成していく経験を積み上げておかないと、結果がついてこない。

今後はいっそう、製品がハイテク化していく。すると営業マン個人のキャパシティを越えた商品知識、技術知識が必要になる。そうなれば、技術部門と連携した営業活動が中心になる。あるいはアフターサービスが不可欠な製品の場合、サービス部門との念入りな打ち合わせが求められる。

顧客ニーズが高度化するにつれ、研究・開発部門へ顧客ニーズ情報をフィードバックしていく重要性が増してくる。その際、営業マンの理解力が追いついていなければ、正確に情報を伝達できない。研究・開発の担当者も営業と同行しながら顧客の声を直接聞く必要もある。いずれにせよ、営業は他部門と連携を必要とするので、意識改革を含めた取り組みが求められる。

エピソード27

コスト負担をめぐる考えの違い

プラズマテクノは産業機器メーカーで、主に半導体業界でプラズマ技術による表面処理装置を生産・販売している。本装置は真空にした空間（チャンバー）内に窒素などのガスを充てんし、プラズマを発生させて物質の表面を化学変化で処理するものである。

プラズマテクノのベテラン営業マンの長岡氏は、最近、半導体以外のアプリケーションを模索していた。一業種に依存していたのではリスクが大きいと感じていた。その中で、毎年自社が出展する見本市のブースに、ある機械商社の社長が訪れた。話によると、板状の金型部品の表面を処理し、射出成型プロセスでの樹脂の離形性を高めたいというユーザーの引き合いがあるという。離形成が悪いと樹脂側に模様がついてしまうので、商品の価値が下がる。プラズマテクノのプラズマ処理装置での応用が可能かどうかの問い合わせであった。

長岡氏はその用途なら自社の技術で可能だと判断した。その話を社内に持ち帰り、技術部長と相談。とりあえずやってみようということになった。後日、機械商社の社長とともにユーザーを訪問し、評価実験計画を進めることになった。

ユーザーから処理物（以下、ワーク）のサンプルを預かり、自社の実験装置で処理、そのワークをユーザーに返送し、実際の射出成型プロセスにかけてもらう。結果、ユーザーの反応は上々であった。離形性が向上すると判断されたので、1台分の装置購入が確定した。

しかし今度は、プラズマテクノ側に問題が起こった。この1台分のオーダーのために1台分の部品購入や部品加工をするとコストパフォーマンスが非常に悪い。せめて3台分のオーダーでないと採算があわない。そこで、見込みで3台分の部品発注をした。長岡氏は、あと2台のオーダーを獲得せねばならなくなった。先のユーザーからは、離形性が向上したことを示す検査結果を提出してもらっており、それをもとに他の見込み客の開拓を開始した。

確かに他の見込み客も関心を示してくれた。しかし、各社それぞれ異なる仕様の金型なので、顧客ごとに評価

工数管理

工場などで作業時間と作業数を掛け合わせ、コストを算出すること。そうすることで、プロジェクトごとに必要な人員や時間がわかるので、目標を立てやすくなる。コストが予算を上回るようであれば、業務の見直しが図られることになる。つまり、業務の改善活動に利用できるのである。無駄な点を見直し、改善していく。生産の現場では日常的に行っている。

サービス残業

サービス残業とは、定められた労働時間を超えた労働をしたとしても、残業代がでない時間外労働のことをいう。

日本では、かつて多くの企業であたりまえのように定着していたが、近年はマスコミ等でも取り上げられ、問題が表面化している。いわゆるブラック企業というレッテルを貼られると評判を落とすので、多くの企業が対策をとるようになってきている。

しかし、表向きは残業してはならないと規則にあっても、内実はその日のうちに仕事を終わらせておかないと、次の日の仕事に支障がでるだろう。その際、残業代を使用者が支払えばよいが、そうでないケースは山のようにある。

実験を実施せねばならない。ある見込み客の場合はクリーンルーム環境での生産であるため、ワークの取り扱いはクリーンルーム内でなければならない。プラズマテクノは工場内にクリーンブースを設置し実験環境を整えた。さらに実験のためには、通常作業を中断してオペレーターを1人配置せねばならず追加コストも発生してきた。

プラズマテクノ技術部では**工数管理**を導入しており、作業時間と作業者数を掛け合わせたコストが算出される。コストに見合った成果が出なければ、その作業自体が見直される。長岡氏はその考え方がしっくりこなかった。長年、**サービス残業**で土日を返上して資料整理してきた彼にしてみれば、評価実験は必要経費であり、追加コストとは思えなかった。

長岡氏と技術部門の間では、考え方に大きな隔たりがあった。技術部では回収の見込みのない作業は見直しの対象になる。技術部は営業担当者にプレッシャーをかけざるを得ない。成果が出なければ、この評価実験は早々に打ち切りとなる。しかし評価実験ができなければ、見込み客を説得するのは不可能である。

長岡氏はそんな技術部の態度にいらだちを感じながらも、明日のアポイントのための準備を進める。今日もサービス残業である。

解説　エピソード27

営業のコスト意識

営業マンがサービス残業をするというのは、日本では習慣として定着しているようだ。営業活動では、工場での作業のように定まったルーチン的なものは少なく、アポイントがとれた日とそうでない日では、仕事の進め方は異なる。顧客への移動時間もケースバイケースであり、作成する書類や資料もプロジェクトによって大きく異なる。

手の込んだ案件の場合、どうしても標準以上の手間がかかる。しかも、顧客の反応1つでかけるべき手間も大きく変わる。そのため、かかる手間を事前に予測することは難しく、予測の精度を高めるような努力に時間をかけるべきでもない。その点、工場では工数管理がなされており、仕事量に対するコスト意識は高い。

営業の場合、注文がとれるかとれないかである。とれなければ苦労は水の泡。つまり、100かゼロの世界なので、その中間がない。これは、かけた費用に対する成果が不確実ということを意味する。注文をとらないと費用が無駄になってしまうため、サービス残業をしてでも注文を獲得しようとする。

コスト意識の高さは、自分がかけているコストが明確にわかることと、成果に対する望ましいコストの水準を理解していることの2つによってもたらされる。営業においては、コストを正確に見積もることも難しく、また、このコストで得られる成果が多いか少ないかもわからない状況にあるため、コスト意識が高くなりにくい。それゆえ、コスト高になるならその案件は見送るといった発想にならない。交通費くらいであれば算出できるが、空き時間や待ち時間に関していくらコストが発生しているかを把握している営業マンは少ない。

しかし、営業効率を改善しようとするなら、営業コストを算出しておく必要がある。どんぶり勘定では、業務の効率化はできないからである。

エピソード28

部門間での連携と「貸し借り」

洗浄装置メーカーに新人営業マンとして入社した三条氏は悩んでいた。洗浄装置は主に生産設備として**カスタマイズ**仕様で納入され、仕事はプロジェクト単位で動く。1つのプロジェクトにかかわる部門は複数にわたり、**クロスファンクショナル・チーム**になる。そのため、三条氏はまだ誰がどの担当者なのかまったく見分けがつかない状態であった。

装置は必ず顧客企業の担当者と仕様の打ち合わせから始まる。顧客からの要望を聞き取り、技術部に相談する。その際、仕様見積もりと納期を提出してもらう。顧客から予算取りのための「大まか」な見積もりを要求されるからだ。

しかし、技術部は間違った見積もりを提出してはいけない。しかも、カスタマイズ仕様なので、前例がない箇所も多く、

カスタマイズ

製品やサービスの内容を顧客の要望に応じて変更すること。顧客にとってみれば、自分の好みのものになるということで、満足度が高くなるであろう。しかし一方では、その分コスト高にならざるをえない。どこまでカスタマイズするかは、この顧客満足度とコストとのトレードオフの中で決定されることになる。

ただし、営業マンは注文欲しさに、コストを低く見積もってカスタマイズに対応しようとする傾向がある。そうなると、後々問題が起こりやすい。利益を削ってカスタマイズするのであるから、それは健全な方法とはいえない。そこで標準品にプラスして、ある程度スタンダード化したオプションというカスタマイズにするなど、カスタマイズの方法を工夫することによって、それに伴うコスト問題を圧縮することも行われる。

さらに慎重になる。このままでは他社に先を越されるかもしれない。三条氏は上司に相談した。すると、上司は研究所の六角氏を訪ねるように指示した。なぜなら彼は元技術部の出身で、カスタマイズに関する知識は相当なものだという。その線から技術部にアドバイスしてもらおうという流れになった。

三条氏は六角氏を訪ねた。最近似たような仕様で研究所に実験依頼が来ていたことがわかった。今回の顧客とは別ルートでの依頼であった。こうして六角氏のアドバイスが技術部に伝わり、ようやく締め切りまでに見積もりを提出できた。

今度は顧客と技術サービスに関する打ち合わせである。技術サービスの範囲について、顧客の要求をすべて受け入れると高額な見積もりになる。ここは営業部長とサービス部長の直談判によって、顧客への提案ラインで収まった。見積もりの金額を抑えるには、ある程度サービス部に我慢してもらい、借りを作った。

正式に受注が決定した。しかし問題があった。見積もりにオプションが含まれているかどうかの解釈である。顧客側はフルオプションの見積もりだと考えていたが、三条氏は一部しか含めていなかった。結局、顧客側の解釈で通すことで決着した。

いよいよ生産がスタート。納期は5ヵ月。その間に納期遅れが発生しないか、

クロスファンクショナル・チーム

クロスファンクショナル・チームとは、部門を越えて必要な人材を集めたチームのこと。部門を越えての情報共有が進み、全社的な取り組みにつながると期待される。このクロスファンクショナル・チームは経営改革のプロジェクトとして設置される場合がよくあるが、営業に関しては、重要な顧客に対して、開発・設計、生産、技術サービス、営業が連携して対応するための特別な営業のプロジェクト・チームとして編成される。このようなチームで顧客に対応することで、セクショナリズムを少なくして、迅速で高いレベルの顧客適応を実現することをめざす。

三条氏は気が気ではなかった。というのも、今月は他の営業からもオーダーが殺到しているため、生産工程が遅れ気味だという情報を耳にしたからである。工程の進捗をモニタリングできるシステムがないため、逐一生産部に問い合わせて進捗状況をチェックせねばならなかった。

その後納入日が確定し、配送も終了、無事設置完了。次は現地での装置導入に技術部が立ち会う。基本動作については問題なかったが、洗浄の条件出しがうまくいかない。

そこで、研究所から担当者が現地に入り、実験データの再現を試みたが、研究所の実験装置と顧客に納入した生産用洗浄装置では多くの部分で仕様が異なる。そのため、実験室での再現に手間取った。1日も早く条件を出さないと、想定している検収費用をオーバーし損失が発生してしまう。最終的には、約束通りの洗浄結果を再現できた。検収は完了した。今後はサービス部との連携がメンテナンス等で頻繁に発生してくる。しかし例の「借り」があるので、なかなかサービス部には頭が上がらない。三条氏の悩みはもうしばらく続きそうだ。

解説 エピソード28

部門間コンフリクトを解決する

部門間でコンフリクトが起きることは、珍しいことではない。営業と技術で意見が異なるということは日常茶飯事である。なぜコンフリクトが発生するのかといえば、各部門で目的や役割が違っているからであるが、それらが同じなら部門に分ける必要がない。営業にしてみれば、技術は「売れるものを作る」ことが役割だと考えている。一方の技術では、営業は「作ったものを売ってくる」ものだと考えている。これでは責任を相手に押し付けているだけであって、平行線をたどる。

そこで、コンフリクトの解決方法であるが、大きく3つのタイプに分かれる。1つ目は、相互の貸し借りである。平行線を回避するため、一方が貸しを作り、後に他方が借りを返すという協力の仕方である。ただしこの場合、いつ他方が借りを返してくれるのか読めないことが多い。もし、相手がいつまでも借りを返さないでいると、かえってコンフリクトは深まる。また、両者が納得する貸し借りというのを見つけるのは容易ではない。

2つ目は、第三者の権限・権威である。トップなどのより上位レベルの第三者から命令があって協働体制をとる。しかし、命令されて協働するのであれば、当事者に不満が鬱積し、それがコンフリクトの原因になる場合もある。しかも、命令による表面的な協働であれば、それで顧客の満足を得るのは難しい。

3つ目は、上位目標である。顧客志向のような上位目標を提示して部門間が協力する体制を構築するタイプである。そのためには、各部門のリーダーたちが上位目標に同調した高い意識をもち、メンバーを引っぱっていく必要がある。

第7章

営業を管理する

エピソード29

体育会系の思い込み

国内自動車メーカー大手のクルーズの販売ディーラーである東京クルーズでは、新人営業の育成で、少し変わった制度が使われていた。それは、新人営業研修が終わった後、営業部が指定したエルダーと呼ぶ先輩についてOJTで営業を現場で学ぶが、そのエルダーとは別に、初めの1年間だけ3ヵ月目ごとに、新人の方から別の先輩営業を指名して、一週間、その先輩の営業に同行して営業ノウハウを学ぶ機会が与えられるというものである。こうすることで東京クルーズでは、最初に誰に付いて学ぶかによって営業のやり方が変わり、ひいては定着率にも影響してしまうような弊害を避け、多様な営業のスタイルを自ら身に付けさせようとしているのである。ただし、新人営業からの希望が特定の人に集中することもよくあるため、人事部長が新人の上司とも相談しながら、相性を考えて調整するようにしていた。

さて、今年、営業部に配属された白石氏が、初回の希望として出したのが、入社6年目の土田氏であった。人事部長はこの希望書を見るとすぐに白石氏と土田氏の両方の上司に電話をかけた。白石氏は控えめでおとなしい感じの女性で、本人自ら営業職を希望していたが、そのことに意外な印象を受けたことを人事部長は覚えていた。他方で、土田氏は、テニス選手として全国大会レベルで活躍していたことが評価されて入社し、「体育会系」的な営業らしい大きな声で、いつも目立つ存在だった。

土田氏は、持ち前の体力と明るさを活かした営業スタイルであったために、同じような「体育会系」の新人営業からの人気が高かった。他方で、白石氏とはまったくタイプが異なるため、白石氏が土田氏についてもあまり参考にならないのではないか、むしろ、事前に顧客分析をしっかりやるタイプから学ぶのがよいのではないか、人事部長はそう思ったのである。

しかし、2人の上司の意見は違っていた。白石氏は、誰に付くかについて、彼女なりにいろいろ考え、十分に情報収集もした上で希望を出していた。土田氏の方は、毎回同じ体育会系のタイプばかりでは、彼に管理者としての能力がつかないという意見だった。その2人の意見に後押しされる形で、白石氏は土田氏に1週間同行することが決まった。

そして、1ヵ月後、新人の同行研修が始まったが、土田氏は、いつもそうしているように、新人の存在を無視して、普段通りの営業を行った。本人にやる気があれば、自分で何かを学ぶだろうと考えていたからである。また、同行研修では、毎日、新人が報告書を書いて提出することになっていたが、土田氏は、これまでそれをきちんと読もうとはしなかった。営業は経験をとおして学ぶもので、何を学んだかは文字に残せるものではないと考えていたからである。それ以前に、これまで担当した新人は、「体育会系」の新人であり、書いてある内容も短い紋切り型の「報告」でしかなく、それを読むことに意味があるとも思われなかった。

しかし、白石氏の報告書は従来のものとはまったく違い、土田氏と顧客との会話の詳細が整理して記録されており、トーンが変わった場所や展開の誘導について逐一分析されていた。しかも、その書き方に批評めいたところはまったくなく、あくまで自分が何を学んだかという視点で書かれていた。たとえ成約に至らない場合でも、そこでどのような布石を打てたか、それが次にどのようにつながるかという分析を自分の問題に置き換えて記してあった。

それゆえ土田氏も読んで悪い気はしなかったが、彼はそこまで冷静に考えて商談をしていなかった。ただひたすら力任せに経験と勘に従って営業を行っているだけだった。同行研修の最終日に、土田氏は、白石氏に報告書の書き方を誉めたことから、普段とは違った打ち解けた会話になった。そして、白石氏も中学・高校の間、テニス部だったという話になった。

彼女は、当時、学生テニス界で全国的に有名だった土田氏の試合も観戦していた。その土田氏が同じ営業部にいることを情報収集の過程で知り、彼の簡単にポイントをとらせないコートカバリング能力の高さが営業の中で、きっと生かされているに違いないと推測し、その知識は自分にとって参考になると考え、彼の一挙手一投足を見ていたのである。

土田氏は、テニスで体力や度胸がついたという意識はあったが、テニスが営業のスタイルに影響していると は考えたこともなかった。自分も周囲も「体育会系」の体力と根性の営業が持ち味だと思っていた。しかし、改めて自分のスタイルを振り返ると、顧客のちょっとしたサインを見逃さず、緩急を付けながら機が熟するまで焦らず対応する。それが自分のパターンであり、無意識に体に染みついた分析型のスタイルを実践していたのである。

その後、土田氏は、顧客分析を苦手と思わなくなり、営業成果に如実に表れるようになった。同時に部下の指導も上達した。周囲も彼を猪突猛進型の営業をしているとは見なくなった。

他方で、白石氏は、頭で理解しただけでは成果に結びつかないことはわかっていたが、今回の研修をとおして、以前よりもうまく学習することができるようになった自分を感じていた。

解説　エピソード29

KKDは教えられない

営業にKKDという言葉がある。経験と勘と度胸のそれぞれを頭文字を連ねたものだが、「営業は理屈ではない」ということを強調したり、それを皮肉を込めていったりするときに使う。

確かに、営業を行うためには、文字やデータで表して伝えるような知識だけでは不十分であるから、実際に経験することで得られる知識や共通の経験をとおして共感するようなことが多く存在する。勘と度胸というのは、そのように理屈では判断できない場合には、勘を働かせて、あとは度胸で突き進めば、活路が見いだされることも多いということになる。それらは営業の現場では、必要とされるケースもあれば、それだけに頼るのは危険というケースもある。

しかも、経験と勘と度胸の営業スタイルをとっていた人は、部下に営業のスキルやノウハウを教えるのに苦労するはずである。それは部下に経験をさせたり、経験を共有したりしながら、部下が自らの力で営業のスキルやノウハウを習得することを待つことになるからである。自らの行動パターンも漠然と体で覚えており、その因果関係を捉えていないため、何をどうすれば成果が上がるのか、自分でもわからない。

また、そういうタイプの人は、自分にあった固有のスキルやノウハウがきっとあり、それは自分で見つけるしかないと考える傾向がある。それは自分自身が経験から自分に合ったスタイルを会得したという自負から来る。すると、このエピソードの土田氏のように、営業のスキルやノウハウは自分で学ぶべきものとなり、部下の育成の方法について無関心となりやすい。

そういう指導方法の欠点をあげるとすれば、部下が経験を積んでスキルやノウハウを試行錯誤の中で学ぶことになるため、成長するまでに時間がかかることが大きい。さらに、部下は自分を動機づけながら経験を蓄積することになるため、モティベーションを長く維持するのが難しいという問題もある。

つまり、経験を通じてスキルやノウハウを伝えるのは、確かに豊かな知識を伝えることができて効果的かもしれないが、それだけでは、部下を早く育てるとか、部下のモティベーションを保つためには不十分となる。

　そこで、大事になるのが、文字や数字で営業の行動プロセスを捉えて、説明できるようにすることである。このように行動が「可視化」されると、自分のスキルやノウハウも説明できるようになり、部下の行動に何が不足しているのかといった課題も見えてくるため、指導がうまくできるようになる。このような行動の可視化を補完的に使うことが、部下を育成したり、部下の学習能力を育成したりすることにつながるのである。

　このエピソードでは、白石氏という予想外の分析家がいて、幸いなことに土田氏が自然に自ら気が付くように導いてくれたために、彼は、それまでの経験と勘と度胸に偏っていたスタイルを是正することができた。しかし、現実には、そうした幸運にはなかなか恵まれないだろう。そうなると、部下の指導のために、これまでの経験と勘と度胸の営業スタイルを直すという気にはならないはずである。

エピソード30

「勝ちパターン」の営業方法

タカノは、医療機器や医療用品の大手メーカーである。タカノ名古屋支店で営業職に就いている宮崎氏は、入社して3年目であった。タカノでは、外資系企業との競争激化に対応するため、今年、事業部門の統合に伴う大幅な組織改編が行われた。それによって彼の上司も変わることになった。

宮崎氏の前の上司は、1つの顧客に対して、できるだけ多くの提案をすることを勧めていた。そのため宮崎氏らは、成功事例集や他の営業マンが使ったネタを応用して、顧客に対して、さまざまな機器や用品をできるだけ多く提案し、その説明資料もそれぞれに合った多様なものを用意するように心がけてきた。そして、そのことが顧客に提案力のある企業としての評価を得ていると思ってきた。

事実、顧客の医師たちから、タカノや宮崎氏の提案は参考になるという声を聞くことが多く、これが自分にとっての営業の「勝ちパターン」であると信じていたのである。例えば、顧客が、タカノの医療機器の1つに関心を示せば、それに関連する機器や用品だけでなく、それを足がかりとして、他の評判の良い商品の提案や話題となっている商品の紹介へと話を広げることにしていた。このような地道な営業スタイルが、現場の医師たちには好評で、問い合わせの連絡もよくあった。

しかし、今度の上司となった課長の千葉氏は、そうした宮崎氏らのやり方をしばらく観察していたが、やがてそのやり方は効果的でないと指摘するようになった。千葉課長は、顧客をじっくり観察して、ピンポイントで合ったものだけを提案することが大事だと考えていたのである。千葉課長には、宮崎氏らの方法は、質より量を重視して、手当たり次第に提案することでしかなく、肝心の顧客の心をつかんでいないと見えていたのである。

確かに、宮崎氏にも迷うところはあった。顧客は、自分たちの提案をじっくり聞いてくれないどころか、いわれたものだけをもってきてほしいという医師もかなり多くいたからである。また、さまざまな提案のために資料の準備をするには、どうしても時間がかかり、しかも、個々の提案の準備に時間をかけられないという問題もあった。そのため、「やっつけ仕事」のようになる場合が多くあったのも確かであった。それは、顧客からの評価を落としているのではという懸念があったのだ。

そして、千葉課長は、提案の質を高めるために、提案する案件を絞り込むことや顧客の需要をしっかり聞き取ることを部下に求めるようになった。部下たちは新しい上司の指示に従ったが、千葉課長の期待通りにはならなかった。

確かに、一部の顧客については売上が伸びたのだが、全体的な売上はむしろ下がっていったのである。すると、部下の中には、かつての「勝ちパターン」を取り戻そうとして、提案件数を再び増やす者が出てきて、それで業績がなんとか持ち直すようになっていった。やむを得ず、千葉課長もそのスタイルを黙認せざるを得なくなった。

千葉課長は、どこで間違えたのかを冷静に考えた。多くの提案を行うことと提案の質を高めることは、顧客への提案営業を重視するという点では共通しており、どちらにも正当性がある。顧客をじっくり分析して、的を射た提案を的確なタイミングで行うことも成果を高める上で重要なことであり、そちらへの方向転換は間違っていないはずだった。

しかし、部下たちがピンポイントで絞り込んで提案するといっても、顧客の需要を把握することは容易ではなく、むしろ、これまでは数多く提案する中で、その反応を手がかりとして、顧客の需要をつかんでいたのである。つまり、手当たり次第に提案していただけのように千葉課長には見えていたが、その提案と反応のキャッチボールを通じて、部下たちは顧客の心をつかんでいたのである。

他方で、タカノの限られた営業のマンパワーや増えていく商品ラインから考えると、このような多くの提案をすることは必ずしも効率的ではなかった。それゆえ、従来の提案方法に戻すことはしたくなかった。

そこで、千葉課長は、提案の件数を単に絞り込むことではなく、提案

コーチング

コーチングを行う対象者と対話によるコミュニケーションを行って、対象者への質問をとおして、気付きを起こさせ、主体的に目標達成に必要なスキルや知識を得させたり、自発的に行動を変えるように導く方法。一方的に指導するのではなく、自らの気づきを導くことや、そのために効果的な質問をすることと相手の話をよく聞くことが特徴とされている。

人材開発の中でも、営業においてコーチングが重視されるようになったのは、単なるセリング（販売）からソリューション（顧客の問題解決）へと活動の中心がシフトすることに伴って、顧客の需要や顧客への提案内容を顧客にあわせて適宜変えていかなければならないために、問題に気が付き、自分で解決策を導く能力を付けていく必要性が生まれたためである。

にかかっているコストを具体的に示し、**コーチング**を通じて、適切な提案件数を一緒に考えるということを行うようになった。さらに、提案資料や成功事例のデータについて、部下に負荷がかからないように、情報共有の仕組みやスタッフ部門の活用を本社に働きかけることとした。

宮崎氏らは、最初は、従来の方法を否定したり、指示に反することをしても黙認する千葉課長に反発する気持ちがあった。しかし、一緒に、より最適な道を考え、本社を巻き込んだ対応をする千葉課長を管理者として認めるようになり、チームワークが機能するようになっていった。

解説 エピソード30

アウトプット管理かプロセス管理かのスタンス

このエピソードでは、顧客への提案の数を絞り込むべきかどうかを巡って、管理者の千葉課長の葛藤が描かれている。このエピソードを読んで、提案数のようなものは、人それぞれのやり方があるはずなので、部下の選択に任せたらよいと考えた人もいるだろう。実際に、そのように営業方法の内容は、顧客や自分自身の特性を考えて決めるべきと考える管理者も多い。

このように営業の方法を個々人の裁量に任せて、売上や利益などの最終的な営業成果の目標達成だけを求めるような管理様式をアウトプット管理という。それに対して、営業の方法を細かく指示して、きちんとその方法で実行されているかをチェックするような管理は、プロセス管理という。

ただし、一般的には、営業成果だけを求めて、あとは任せてしまうようなアウトプット管理や、管理において営業成果の目標を使わずに、行動を細かく管理するような極端なプロセス管理は、どちらもほとんどなく、大抵の場合は、その両者を組み合わせた管理となるが、どちらの傾向が強く出ているかによって、アウトプット管理かプロセス管理かに分かれる。

例えば、このエピソードでも、顧客への提案数という営業成果にいたる途中のプロセス指標を見ていることから、プロセス管理が取り入れられていることがわかる。もしアウトプット管理の傾向が強いなら、顧客への提案数はそれぞれが自由に決めることになるはずである。

さて、営業をアウトプット管理で行うか、プロセス管理で行うかという区別が重要なのは、その選択によって、管理者、つまり上司の役割が大きく変わるからである。

アウトプット管理の場合には、上司は部下に目標を示して、その達成を動機づけることしかできないため、管理者としての仕事よりも営業の仕事にウェイトが置かれる。アウトプット管理では、自分なりのやり方に任せるために、部下の指導においても、人それぞれの営業方法を経験から学ぶように促すことになる一方で、上司が営業マンとして、そのモデルとなることが必要となる。

さらに、アウトプット管理では、部下が売上目標を達成することばかりに目が行くことで、顧客との信頼関係を顧みない行動をとったり、新しいことにチャレンジしなかったりする危険性が生じやすい。そこで、部下に短期的な目標達成だけを見るのではなく、長期的な視点で目の前の課題を自主的に理解させるように誘導することも、管理者の重要な役割になってくる。

他方で、プロセス管理では、上司は部下に対して細かく行動（営業プロセス）の指示をしたり、具体的な行動目標を提示したりする。つまり、プロセス管理を行う管理者は、売上目標を示して、あとは自分で考えさせるのではなく、部下に期待している行動について逐一指示を行い、それがきちんと達成されているかどうかをチェックする。

ただし、プロセス管理において、ただ細かく指示して管理するだけでは、「小姑管理」になってしまい、部下が指示に依存して成長しなかったり、部下の営業に対するモティベーションも上がらないという問題が発生する。そこで重要なことは、管理よりも指導に重点を置くということである。つまり、細かく行動をチェックするのは、管理を徹底するためでなく、部下が抱える営業の問題を発見して、是正するために行うのである。

このエピソードにおいて、千葉課長が一時的にせよ部下の信頼を失いかけたのは、提案数によるプロセス管理を取り入れながら、大事な指導を怠ってしまったことや、部下の問題を正確に把握しないまま指示を出したこと、さらには、提案数についての部下の勝手な行動を黙認することで、結果的にアウトプット管理に振れて、管理のスタンスが定まっていなかったことに原因があるといえるだろう。

エピソード31

優秀な選手は優秀な監督になれないのか

スポーツの世界では、よく「優秀な選手は優秀な監督になるとは限らない」といわれる。営業の世界でも同じ場合がある。化成品メーカーのサイコー化学に入社して6年が経つ香川氏は、部下の育成に悩んでいた。というのも、2年連続で彼の指導する新人が、1年も経たずに限界を感じて会社を辞めていったのである。1人目の新人は決して能力が高くはなかったので、香川氏もあまり問題とは思わなかったが、2人目は、周囲の期待が大きかった新人だったため、自分の指導に問題があるのではないかと悩み始めた。

会社としても2年連続で同じことが起きたことから、この事態を放置しておけなかった。しかし、香川氏本人や周囲に聞き取りを行っても、香川氏がこれらの新人にプレッシャーを与え過ぎているようには感じられず、この問題は同じ部署でたまたま重なった「今どきの新人」の問題という判断が妥当ということに落ち着いた。

とはいえ香川氏の上司である長野課長は、落ち込んでいる香川氏を見て、営業能力が高い彼が自信を失い、部下の育成や管理に苦手意識をもってしまうことが心配だった。そこで会社の営業育成を見直すという視点で、もう一度、香川氏の話をじっくり聞くことにした。

香川氏の部下に対してとった態度に問題があるとは思われなかった。香川氏は、業務が忙しく、後輩や部下の指導に手が回らないことを反省し、さらに、どのように指導すればよいかわからないことを訴えていたが、それは長野課長自身にもあてはまることだった。自分も似たような状況であり、営業スキルと指導スキルとは違うことはわかっていても、指導スキルは自分が受けてきた方法をそのまま受け継ぐようなものであった。

そこで、長野課長は、香川氏に、過去に受けてきた指導と現在している指導の相違点を尋ねた。すると、彼は長い時間考えた末に、「ちょっと焦りがあるのかなあ」とつぶやいた。彼を指導した上司は、指導にもう少し余裕があったともいえるが、それは業界の競争が激化したからといえなくもなかった。ただし、香川氏には、優秀な営業マンがもちやすい「自分が代わりにした方が早い」という意識があることも次第に見えてきた。

「どうもそこかもしれない」と長野課長は感じ始めた。競争が厳しくなり、営業成果が優先されると、指導しながら対応するよりも、まず対応してから、後で指導するというパターンになりやすい。対応が遅れて問題が大きくなることを避けるためには仕方がないが、新人にとっては経験をする前に選手交代の宣告を受けるようなもので、疎外感を与えていた可能性がある上に、経験を蓄積することもできず、将来が不安になってしまう。

これでは主体性を重んじて経験から学ばせることもできず、手取り足取り教えることとも違う、中途半端な指導になってしまったようである。とはいえ原因がわかれば、その対策を具体的に考えることができる。香川氏は、これまで周囲から漠然とコミュニケーションの必要性をいわれてきたが、問題が見えないためにどのようなコミュニケーションをしたらよいのかわからず、途方に暮れていた。この対話を通じて、介入ポイントや顧客との対応コミュニケーションをしっかりとればよいと理解でき、気持ちが楽になった。それは香川氏が指導や管理の意味を考え、管理者としての一歩を踏み出すよい契機になった。

解説 エピソード31
アウトプット管理のもう1つの限界

優れた営業マンは優れた管理者とは限らないというのは、前に述べたアウトプット管理で起こりがちなことである。その理由は2つある。

1つ目の理由は、アウトプット管理では、管理者はプレイングマネジャーになるため、管理者としての仕事よりも営業マンとしての仕事にどうしてもウェイトが置かれがちになるからである。野球でいえば、打撃不振の選手がいても、自らが打席に立ってバットを振ることで、その問題をカバーできてしまうのである。また、自らがプレイヤーとなるために、管理や指導の時間を十分にとれないことも起きやすい。

2つ目に、アウトプット管理では、成績さえ達成すれば方法は問わないという考え方が基本にあるため、営業スタイルが人それぞれになり、部下が自分とは違うスタイルを確立しようとしているケースも当然起こり得る。そうなると、自分とは違うタイプの部下へのアドバイスは、自信をもって行えないことになる。

しかも、人それぞれの営業スタイルを確立するというのは、個々人が試行錯誤する経験を通じて行われるため、前に述べた「経験と勘と度胸」（エピソード29参照）の営業になり、管理者としては、個々の経験を促すことぐらいしかできなくなるのである。

それに対し、プロセス管理では、ポイントとなる行動（プロセス指標）が固まるにつれ、その指導方法も管理者間で共有したり、部下の間での比較検討もできるようになるため、管理者の指導スキルも磨くことができるようになる。したがって、管理者の育成という点では、プロセス管理を取り入れて指導スキルを高めることが重要になるといえるのである。

エピソード32

「のれんに腕押し」の部下

中堅広告代理店に勤める営業マンの成田氏は、入社して10年が経過した。知り合いの紹介がきっかけでこの業界に入ってきた。そして、そろそろベテランというポジションになってきた。さすがに10年が経ってみると、新人時代には見えていなかったことがよく見えるようになった。仕事の段取り、優良顧客の見極め、それに情報収集といったスキルが身についてきた。毎月の目標もコンスタントに達成できるようになってきていた。それなりに充実した日々を送っていた。

さてそのような中、今年は新入社員が6名、営業部に配属されてきた。今回、成田氏は教育担当者として熊野氏の面倒を見ることになった。熊野氏は有名私立大を卒業後、明るい性格を買われて入社し、本人も営業を希望していた。確かに、第一印象は明るくさわやかな印象を与えるので、営業向きではあると成田氏は思った。この新人を、1日でも早く戦力として使えるように成長させたいと思うのであった。

しかしながら、彼の仕事ぶりというのは、けっして優れているようには見えなかった。むしろ「のれんに腕押し」「糠に釘」という表現があてはまるように思われた。成田氏が彼に話をしている途中、熊野氏はどうも頭の中で違うことを考えているように見える。それが何についてか知ることはできないが、なんとも上の空のような印象を受ける。さらに、仕事の優先順位、段取りをしばしば間違ってしまう。例えば、顧客からの質問やクレーム等のレスポンスを先延ばしにするなど、自分のやりやすい仕事から手を付けてしまう。彼の仕事ぶりは、どうも空回りしているように見える。このままではいけないと成田氏は思った。

成田氏は、熊野氏に仕事についての考え方を聞いてみた。熊野氏は「1つひとつ目の前の仕事を確実にこなせるよう頑張っています」という。確かにそれは間違いではないのだが、それだけでは仕事はうまく回らない。どう話せばわかってもらえるのか。成田氏は頭を抱えた。

ある日、成田氏はある業界のトップセールスマンが出演しているセミナーのDVDを手に入れた。営業コンサルタントをしている友人から譲ってもらった。これを見せたら、少しは成長するかもしれないと思った。成田氏は熊野氏にそのDVDを手渡し、よく勉強するようにと告げた。熊野氏はとても感謝しているように見えた。

数日後、例のDVDを見たかと熊野氏にたずねると、まだ見ていないという。とにかく最近は帰りも遅く、時間がないという。それもそうかと思い、次の週に再度たずねた。すると返事は、最初の10分は見たが、まだ全部は見ていないという。成田氏はまずいと思った。このままでは、ずるずると時間だけが過ぎていくに違いない。ならば、ということでいったんDVDを返却してもらい、他の新人たちと勉強会という形で見る運びになった。

その勉強会は平日の夕方に行われた。6名の新人全員が揃った。DVDの内容は、顧客とのコミュニケーションの取り方について。イニシャルコンタクトの際のラポールの作り方、応酬話法について、クロージングのタイミングなどわかりやすく解説されていた。

成田氏は、なるほどこういうふうに部下に伝えるのかと、自分の勉強にもなった。熊野氏も熱心にDVDを見ているようである。これで少しは熊野氏の空回りが改善されると思った。

数日後、成田氏はDVDの内容が役に立っているかと熊野氏にたずねた。返事は「はい、大変役に立っています」という。しかし、結果的には彼の成績は低迷したままで、一向に改善する様子は見られない。どこがうまくいっていないか、熊野氏に聞いてみるのだが、彼はそれについてうまく説明ができない。「一所懸命にやっている」というが、結果がついてこない。「一所懸命にやっている」ポイントがずれているとしか思えない。

自分の営業スタイルを熊野氏に見せようと思い、同行営業を実践してみた。熊野氏は同行営業について、とても参考になったというが、何をどこまで理解しているのか見えない。おそらくこのままでは、熊野氏はモティベーションがどんどん低下し、ついには退職するかもしれない。

成田氏はこれまで同様のパターンを、過去の新人に何度も見てきた。元気だった新人が、途中でリタイヤする姿を毎年のように見てきた。熊野氏を叱咤激励するだけでは、何の解決にもならないどころか、彼を追い込むだけのように思えた。そこで成田氏は、会社として学習できる仕組みが必要だと考え、同僚と話し合ってみようと考えるのであった。

解説　エピソード32

熟練の10年ルール

熟練には10年ルールというものがあるといわれている。それは熟練によって一人前になるまでに、10年ぐらいが必要であるという経験則である。そして、営業の世界にも10年ルールが適用できるといわれている。実際に、ある企業で調査したところ、営業経験年数が10年以上か10年未満かによって営業成績の表れ方に違いが観察された。

ただし、これは10年間営業を経験すれば誰でも熟練した営業マンになるという意味ではない。短期的に習得できる営業ノウハウもあれば、長期的に、失敗を通じて学ぶノウハウもあり、さらにそれら多様なノウハウが組み合わされて発揮されるようなノウハウもあるため、10年ぐらいの営業経験の蓄積から、さまざまなケースや予測できないことに対応できるような能力が身につくと考えるべきであろう。

もちろん10年というのは経験則に過ぎず、その数字に意味や根拠があるわけではない。また、個人の学習能力や学習する意欲の違いによっても熟練に要する期間は変化するはずである。例えば、このエピソードの熊野氏のように情報処理能力の高くない人にとっては、熟練までのより長い期間が必要であり、それ以上にその期間の学習意欲を維持させることが難しくなると予想される。

それゆえ、上司の成田氏は、熊野氏の個人的な問題とはせずに、「会社として学習できる仕組み」に問題を切り替えたのである。すなわち、ＯＪＴや座学を通じて本人や他人の経験から学ぶ能力を養成するということに関して、管理者も指導スキルを身に付け、指導にかける時間や機会を会社として確保することが重要になってくるのである。

エピソード33

両極端の新人

星田氏は考えていた。彼は機械商社で5年目になる営業マン。今年からは2人の新人の教育係も任された。

1人の新人は、考えることよりもまず行動という、猪突猛進型のタイプ。行動は早いが、結局、成果には結びつかず、いつも空回り。その新人は吉野氏という。よくいえば、「積極性」が売りである。吉野氏は、人の懐に飛び込むのが実にうまい、いわゆる体育会系の元気のよい営業マンであった。

しかし、星田氏は、彼とほとんど考え方が一致しなかった。コミュニケーションがかみ合っていない。吉野氏は、「デメリット」や「問題点」に注意が行き届かず、デメリットを考えようとしても、いつも競争心が頭をもたげてくる。すると、ライバルに先を越されたくない、成約をとって評価されたいという功名心が強くなる。そのため目の前の案件をすべて成立させようと躍起になる。

吉野氏のそのような「積極性」を上司は気に入っていたが、星田氏から見れば実に頼りなかった。吉野氏が先月かかえていた案件は8件。彼はそのすべてを成立させようとした。星田氏は、それは無理だと思っていた。なぜなら、資料やデータの整理、プレゼン資料の作成、既存顧客とのやりとり、メーカーとの打ち合わせ等の時間や仕事量を考慮すると、月に4件が精一杯である。

そこで、星田氏は吉野氏に、優先順位を設定して上位4件に注力するようアドバイスした。吉野氏は表面的には納得した様子であったが、内心は8件すべて成立させようと考えていた。その結果、8件すべて成約できなかった。プレゼンのクオリティが他社よりも劣っていたのである。競争心があるのなら、他社に負けないクオリティのプレゼンを目指すべきであった。質を追求するなら、手間をかけなければならない。無駄な時間やリスクのある案件は避けなければならない。この失敗は彼にとって良い機会なので、そのことをきちんと指導しなければと星田氏は思っていた。

もう1人の新人は、生駒氏といい、性格が吉野氏と対照的だった。彼は何事においても慎重で、良い面と悪い面を考え、それらを言語化して比較する。その上でメリットがあれば行動計画へ移す、メリットがなければその案件は却下という判断を下してきた。

普段から「やりたいこと」と「やるべきこと」は別物であるといっていた星田氏とは、同じタイプの人間で、彼は生駒氏のことを評価していた。吉野氏も生駒氏の行動を少し見習ってほしいと思っていたが、そのことは口には出さないようにしていた。

そんな生駒氏に、新規顧客を開拓できるチャンスが巡ってきた。大口発注であったので、まとまればそれなりの成果が期待できた。ただし、その案件にはサービス提供も販売体制に組み入れる必要があった。設備をラインに導入したあと、メンテナンス部品や消耗品を供給し、そして保全サービスのエンジニアを自前で派遣する体制を求められていた。

その案件で生駒氏は悩んだ。確かに大口発注は魅力的な話ではあるが、そのためのサービス体制を考慮すると自社にどれだけのメリットがあるのか。そう考えて、生駒氏は本案件を見送るべきといってきた。上司は彼の意見を尊重し、結局、コスト的に合わないということで、見送りとなった。

この話には後日談がある。この案件のユーザーは他の業者と契約し、設備を導入した。しかしその後、次々とトラブルが発生し、ユーザーの満足度は低かった。納品した業者はサービス対応に追われるが、ユーザー側起因のトラブルではないため、業者側の無償サービスとなり、利益は出なかった。結局、リピート購買にも発展せず、双方とも利益になる取引にはならなかった。

その話を耳にした星田氏は、やはりそうかとうなずいた。この案件から手を引いて、正解であったと思った。その一方で、星田氏は、このことを生駒氏が自分の成功体験だと思ってほしくなかった。むしろ、今のうちの会社なら、この機会にサービス体制を構築して、それを基盤に他の顧客に向けてヨコ展開をはかり、全体でサービス費用を吸収するという方法もあったのではないかとも考えていた。ただし、それは新人営業の手に負える話ではないので、その場合には、自分たちがサポートして上に働きかけるべきであっただろう。

とはいえ、今回の経験から、ますます慎重な言動を心がけるようになった生駒氏に対して、そのことをどう伝えていけばよいのか、星田氏は思い悩むのであった。猪突猛進型の吉野氏の場合には、「失敗」という形で目に見えるため、まだ課題を指摘しやすかったが、慎重派の生駒氏の場合は、表面化していない「機会損失」という問題を理解させなければならず、むしろ、こちらの方が容易ではないように思えた。星田氏にとって、話が通じると思われた生駒氏の方が、実は指導がしにくいというのは、皮肉なことだった。

解説 エピソード33
KPIで適度を知る

このエピソードのように、慎重さが足りない部下がいる一方で、慎重になりすぎている部下がいれば、なぜ適度な慎重さがもてないのかと思ってしまうだろう。

なぜ適度な水準を保てないかといえば、理由は2つある。1つは「慎重さ」という尺度が曖昧すぎて、個々の部下が今どの水準にあるのかを認識できないことである。そしてもう1つは、たとえ自分の水準が測定できたとしても、どの程度が適切なのかという知識がないことである。

これらの2つの問題を解決するための有効な方法としては、「慎重さ」のような多様な意味にとれるものではなく、測定しやすい明確な指標を定めて、それが適切かどうかを営業成果と照らして判断するという方法がある。その場合でも、たくさんの指標を使うのではなく、部下が常に意識できるようなごく少数の指標に絞り込むことが有効とされている。このように成果と密接に関連するような特に重要な少数の指標は、営業のＫＰＩ（キー・パフォーマンス・インディケーター）と呼ばれている。

例えば、このエピソードでは、1ヵ月の顧客への提案件数がＫＰＩの候補になるだろう。猪突猛進型の吉野氏の場合には、提案件数が4件を超えたときに、最終的に成約件数にどういう影響が出るかを考えさせることになる。ここで重要なことは、4件が基準と決めたとしても、ただ5件目を扱わせないことではない。5件に取り組んでも、先行する4件の成約の確率を落とさないために、何をすべきかを考えさせるのである。それが首尾よくいけば、吉野氏の営業の処理能力は向上したことになり、その方法ではうまくいかないのであれば、成功しなかった原因を考えて、次の機会では別のもっと有効な方法を試すことを促すのである。

慎重派の生駒氏の場合は、提案件数を増やすために新規の案件に挑戦することが必要であることを認識させ、それが成約や利益目標の達成につながるようにするためには何が必要かを考えさせることになる。この場合も提案件数のために無理な挑戦をさせるのではなく、こうすれば損失を回避できるという仕組みまで考えさせることが重要になる。

このＫＰＩを使いこなすというのは、それまでアウトプット管理に偏っていた企業の場合には、プロセス管理を部分的にせよ導入することであり、逆に、これまでプロセス管理を行っていた企業の場合には、たくさんあったプロセス管理の指標（プロセス指標）を少数に絞り込むことと、その指標を使って、部下の抱える営業上の課題を可視化することになる。

このKPIを使う目的は、ただ部下の行動を適度に管理することが目的ではない。成約や売上といった最終的な結果が出る前に、結果に至る前の段階で捉えられる指標を使って、部下の行動にある問題を明らかにし、その解決を考えさせ、実行させることで、結果を良くしていくことが目的である。

案件数でいえば、多すぎても少なすぎても良くないが、それを叱って是正するのでは、部下は自分で解決する能力が身につかない。多すぎたり、少なすぎるときには、一体何が起きているのか、案件数を抑えたり、引き上げたりする以外に何ができるかと考える「きっかけ」をKPIはもたらすのである。したがって、KPIから問題が見えたら、それを解決するという習性を定着させるために、KPIを部下の評価制度には結び付けない方がよい。そうしないと悪い評価をおそれて、問題を隠そうとしてしまうだろう。

第8章

革新する営業

エピソード34

克服できなかった「やらされ感」

製薬会社アスノ薬品に勤務する石田氏は、MRとして配属されて二年目である。石田氏は大学時代の就職活動で第一志望のこの会社に入社した。熱意のある青年であった。アスノ薬品では、月に1回のペースで各支店・営業所をオンラインで結び、事例報告会を実施している。入社時の石田氏は先輩MRの成功事例を参考にできると思い、それは良いシステムであると思っていた。

事例報告会の目的は、MRの参考になる事例を相互に紹介する場である。参加者が失敗事例や成功事例を持ち寄り、情報を共有し、全社的に競争力をつけようということである。しかし、失敗事例というのは報告が難しい。さりとて明確に成功事例といえるものも少ない。しかも、成果を自慢しているようで気が引けるため事例自体が集まらない。

結局、事例報告会を主催する営業企画部は報告者探しに四苦八苦していた。さらに、報告すれば終わりというわけではなく、その後も大変であった。ウェブにあげる資料作成や追加データの報告を求められるからである。結局、一度引き受けると営業企画部から協力的だと思われ、頼まれごとが増えてしまうので、事例報告に乗り気なMRはいなかった。

やがて、石田氏にも報告依頼がきた。経験の少ない若手の場合は、成功事例でなくても、何か新しいチャレンジを試みた事例でもよいというので、石田氏も報告することになった。石田氏は、最近の営業上の工夫について報告した。こうして回を重ねるごとに営業企画部も運営ノウハウを蓄積し、これまでの「やらされ感」が少なくなり、自主的な報告や参加が増えていった。

ところが、MRには、この事例報告会をうまく欠席する方法も次第にわかってきたのである。この報告会という企画は、かつて営業実績をあげていた営業企画部長が、営業本部長に働きかけて実現したものであった。そのような経緯であったため、報告会を欠席することは、MRにとって抵抗があった。とはいえ、重要顧客への営業活動は犠牲にできないという判断から、上司が認めた場合は欠席が許されていた。

こうしてベテランに対しては欠席を大目に見る傾向が生まれ、報告の主体が若手にシフトしていき、いつしか若手が集まる会というイメージに変わっていった。しかも、優秀なMRほど事例報告会を欠席して、顧客のもとに行くようになっていった。重要顧客を訪問するという理由は言い易く、管理者たちもそれが会社のためであるという認識であった。営業企画部は、若手を参加させることに気をとられ、こうしたベテランの振る舞いが根本的な問題であるとは気づいていなかった。

しかし、優秀なMRがいない状況に、他の中堅・ベテラン層は敏感に反応していった。つまり、事例報告会の参加者というのは、この時間に営業する重要顧客がいない、大した成果をあげられないM

Rであると周囲に思われているのではないかと感じ始めたのだ。

そうなると、報告会の日にこそ重要顧客との約束を入れなければ、格好がつかない雰囲気となっていった。参加しているのは出来の悪い劣等生で、まるで学校の居残り補習授業のようなイメージが形成されていったのである。中堅やベテランたちは、若手の報告に対して建設的なアドバイスをしようとする意識が低下し、「次回こそは必ず予定を入れる」という決意を新たにするのであった。

こうした意識は石田氏たち若手にも伝播していった。若手にとってみれば、参加しているベテランは「劣等生」とは思っていないが、優秀なMRをロールモデルにしようとするため、一日も早く、堂々と欠席できるようになりたいと思うようになっていった。当然ながら、石田氏もこの報告会を早く卒業したいと考えるようになっていた。石田氏はこの報告会に参加するモティベーションを感じなくなっていた。若手たちの認識は、事例を報告するよりも営業成果をあげる方が重要だと考えるようになり、もはや事例報告会で学ぶという姿勢は消極的になっていたのである。

こうして事例報告会は、再び「やらされ感」でいっぱいの雰囲気に戻ってしまった。そのときの半期の業績が思わしくなかったこともあり、管理者層から報告会の存在意義を問い直すべきいう声が出た。そしてついに事例報告会は廃止になった。石田氏はやれやれ、と胸をなでおろした。

この話には続きがある。営業企画部の内部では、事例報告会の失敗の原因を分析し、ベテランがいろいろな口実を設けて欠席していたことや上司が欠席をつい認めてしまったことから、この事例報告会が機能しなくなったことを突き止めていた。しかし、営業企画部としては、出席を強制することはできず、そうすることは本末転倒であるという認識をもっていた。

その一方で、MR間の情報共有の必要性は、以前にも増して、営業から求められるようになっていた。営業とすれば、営業活動を邪魔しないような情報共有の仕組みを作ってくれたら、ありがたいという意識であった。

そこで、報告会での発表事例を後からでもイントラネットで閲覧できるように成功事例のデータベースを同時に構築していたので、その事例データベースだけは残して、それを情報共有の仕組みとして活用していくことになった。

ほどなく石田氏にも、営業企画部から成功事例を入力するように依頼があった。営業企画部では、全国の支店・営業所からあがってくる営業報告書を読んで、成功事例とおぼしき案件には、こうした入力の依頼をしていた。

石田氏は、依頼されたことは名誉なことだと思っていたが、入力に自分の時間をとられるのは避けたかった。というのも、このデータベースは、上司にいわれたときだけ、たまに読む程度で、周囲のMRも使いこなしているふうには見えなかったからだ。

ほとんど誰も読んでいないようなものなのに、自分の時間を割いてまで入力するのは、果たして意味があるのだろうか。MRは皆、そう思って、誰も積極的に入力しようとはしなかったのだ。

読むべき人が読んでいないため、書くべき人が書く気になれない。そして渋々書いた事例の知識が使えるはずがない。使えない知識しかないと知れれば、誰も読まない。こんな悪循環に陥っていた。営業企画部は、またしても「やらされ感」に満ちた仕組みを作ってしまったことになる。これらの失敗の共通点に気がつくのは、ずっと先のことである。

解説 エピソード34

営業改革を「迷惑な仕組み」にしないために

営業企画部が主体となって、営業マンの育成のために優れた営業ノウハウを営業の報告会や成功事例のデータベースを通じて共有することがよく行われる。営業の成功事例や優れたノウハウといった情報は、営業にとって価値のある情報である。うまく使えば、他人の経験を利用して、自分の営業能力を高めたり、新しい提案の内容や方法を考えるヒントになるはずである。ところが、それが「迷惑な仕組み」になってしまうのは、次の2つのポイントを外してしまうからである。

まず1つ目のポイントは、情報の提供者を動機づけることである。成功事例や営業ノウハウを多く提供できる人は、優秀な営業マンである。他方で、他人の成功事例やノウハウを多く読まなければならない人は、発展途上の営業マンであり、その人はあまり多くネタを提供できない。すると、ここに情報の提供者と利用者との役割が分離してしまい、貿易で喩えれば、情報の提供者が輸出超過、利用者が輸入超過の状態になってしまうことになる。

それゆえ、情報の提供者とすれば、情報の見返りが期待できない情報提供に時間を割くぐらいなら、顧客のもとに行きたいというのは自然な展開である。また、管理者もその方が会社のためと思ってしまう。彼らが情報を提供することで、会社全体の営業力が上がるという効果を可視化できていないから、そういう事態が起こるのである。

したがって、優秀な営業マンに情報提供を動機づける有効な方法とは、彼らに報奨金を出すのではなく、また、命令でいうことを聞かせることでもない。情報提供が会社のためになることを実感させることであり、そのためには、本当に、会社のためになるようにしていかなければならない。少なくとも管理者がそれを疑っているような状況では、情報提供を動機づけることはできない。

では、どのようにすれば、会社のためになっているという実感が生まれるかであるが、それが2つ目のポイントになる。それは情報の利用者が情報を活用して、営業成果がきちんと出るようにすることである。そのためには、情報の利用を動機づけることと、もう1つ、その情報を使うことで成果が出ることを可視化することである。

成功事例や営業ノウハウというのは、その情報を利用すれば、すぐに成果となるというような単純なものではない。むしろ、それをどう結び付けるかが重要になる。

まず障害になるのは、情報の受け手は、営業経験も浅いため、成功事例や営業ノウハウを自分の問題に結び付けて理解できないことが起きやすい。状況の違いにこだわって、その情報の有用性に気が付かないことも考えられる。とすれば、管理者が、経験の浅い営業の抱える営業の課題を聞き取って、それに適合する成功事例やノウハウの情報を適合するように「加工」し、さらに、それでどう改善されたかということを示してやる必要がある。管理者では、能力的、時間的に難しいのであれば、営業企画がそれを行うべきである。

また、成果といっても成約や売上では、効果が現れるまでに時間がかかるため、もっと主観的な感想といったもので十分である。情報の提供者としては、自分の出した情報が有用であったことが実感できればよいため、自分の情報がどこでどう活用されたかというデータや、その感謝などのフィードバックが重要だからである。こうした手間のかかる作業をして、初めて、情報共有が可能になるのであり、それを手抜きしてしまうと「迷惑な仕組み」になってしまうのである。

エピソード35

使えないSFA

住宅販売企業のダイカイ不動産は都市部を中心に新築・中古マンションなどの不動産販売を営む。入社3年目となる烏丸氏は、ようやくこの業界に馴染んできた。

この業界は中小の同業者が多く、同じ物件で数社が顧客を争奪することは日常であった。1秒でも早く見込み客と接触し、物件の売主にアポをとり、先約を取付けないと、他社にその物件を押さえられ、成約までもっていかれる。烏丸氏はこれまでに何度も、一足違いで大物案件をとり逃してきた経験がある。情報収集力が重要であることは痛いほどわかっていた。

SFA

セールスフォース・オートメーションの略称で、エスエフエーと読む。セールスフォースというのは営業部隊のことで、オートメーションとは、この場合、自動化というよりも、情報システムを使って、営業の意思決定を支援することである。したがって、ＳＦＡとは、営業支援のための情報システム（データベースシステム）のことをいう。

具体的には、顧客の企業情報や担当者の情報、過去の営業履歴などの顧客データと商品に関する仕様情報や在庫・生産状況などの商品データ、そして、営業活動の５Ｗ１Ｈにかかわる営業プロセスの進捗データをデータベースとして管理することで、営業が必要なデータを取り出して活用できるようにしたり、営業活動を可視化して、課題を解決したりする。

インターネットの利用環境が整備されたこととモバイル機器が普及したことによって、営業にとって必要な情報をどこでも取り出せるようになったことから、ＳＦＡへの期待が高まり、普及することになった。

そのダイカイ不動産にSFA（セールスフォース・オートメーション）の導入が決まった。今年度から試験的に導入し、半年の試験運用後、問題がなければ本格導入という計画である。ダイカイ不動産としてのSFA導入の狙いは、営業情報をデータ入力し、システム上で管理することで、顧客情報と営業ノウハウの共有を進めるということにあった。

烏丸氏は社命なので従わざるを得なかったが、彼にとってはSFAの入力作業を最初から面倒だと感じていた。確かに顧客情報の検索は簡単になったが、新しく入力する作業は営業の仕事範囲であるため、結局、残業が増えることになった。他の営業マンの事例なども閲覧できるように配慮されてはいるが、ほとんど読む暇がない。そもそも、烏丸氏にとって参考になるようなことは書かれていない。すでに彼が習得しているノウハウの範囲でしかなかった。上司のコメント欄もあるのだが、特に参考にはならない。上司は日頃から「ホウレンソウ」にはうるさいので、二度手間になっていた。

この業界では、データベースに入力された情報が大事なのではなく、入力項目にはない情報こそが価値があると、烏丸氏は思っていた。例えば、物件の周辺の環境はどうなっているか。小学校が近所にあるという情報も、顧客のタイプによって、プラスになったり、マイナスになったりする。そこで、烏丸氏は、自分の手書きノートに気付いたことを書き留めていたが、それさえあれば十分だった。

しかも、必死で営業すればするほど入力作業も増え、顧客を現地に案内した後の残業が増える。烏丸氏は開き直った。見込み客をABC評価する際、AやBで評価すると、その分より多くの情報を入力せねばならない。さらには上司への進捗報告も発生するので面倒なことが増えてしまう。そこで、はじめからC評価をつけておいて、入力作業は最小限にとどめておく。成約することになれば、その際に追加情報を入力することにした。その結果、烏丸氏も時間の余裕ができ、体力的にも精神的にも自分のリズムで活動できるようになった。

さて半年後、ダイカイ不動産はSFAを本格導入した。多くの営業は入力作業に追われながらSFAと格闘している。烏丸氏は何食わぬ顔で、まずはC評価をつけておき、後日、それを成約してしまう。営業企画部は渋い顔をしていたが、上司は営業成績を上げているかぎりは、烏丸氏のこうした行為を黙認していた。

その結果、やがて皆が烏丸氏のやり方を模倣するようになっていった。すると、正確な受注見込みのデータが入力されないために、設計・施工などの他の業務の妨げとなる事態が発生していた。そのためSFAは百害あって一利もないと、廃棄されることになってしまった。

解説 エピソード35

義務感だけで入力しない

このエピソードのように廃棄に至らないまでも、せっかく導入されたＳＦＡが形骸化してしまい、営業が義務としてデータを入力しているというケースは多い。そのような状況では、顧客の基礎データや商品データのように他で入力されるデータは利用されるとしても、営業が自ら入力しなければならない営業の進捗状況のようなデータは集まるはずがない。

つまり、営業が入力の手間をかけるメリットを理解していないと、強制されて渋々入力することになり、それでは入力が後回しになったり、漏れのある不完全なデータになりやすい。

では、そのメリットとは何かであるが、自分の営業における問題点を分析するというのがまず考えられるが、これをメリットとして理解してもらうのは難しい。特に顧客の数が少なければ情報システムの助けを借りなくても、自分の記憶に基づいて分析ができてしまい、わざわざＳＦＡを使うというのは、面倒なことと思うからである。しかも、上司や本社での管理のためという意識が生まれると、いっそう、「やらされ感」が強くなる。

そのかわりに営業がメリットを理解するとすれば、他の部門との協力や連携を得るというメリットである。どんなに急な受注であっても、生産や設計、あるいは、必要な原材料などがすぐに対応できることはあり得ない。商談の進捗状況を随時伝え、早くから予測的な情報があれば、他の部門は余裕をもって準備することができ、それは生産のキャパシティを低く抑えたり、調達の費用を引き下げたりして、コストダウンにつながることである。

そして、営業がこうした他の部門との協力や連携というメリットに無頓着ということが起きるとすれば、それは営業が自分に課せられた責任しか考えず、生産や設計、サービスのコストや企業としての利益に無関心だからということになる。

したがって、営業の担当者や部門の評価において、コストや利益を含めることによって、それらへの意識を高め、同時に、営業が自分の部門の利害にしか興味がないというセクショナリズムに陥らないようにすることが必要になる。ＳＦＡを導入するというのは、情報システムによって、部門間で連携して顧客に対応するという体制を構築するためであるという理解が必要になるのである。

第9章

国際化する営業

エピソード36

読み違えた現地ニーズ

トラクターなどを製造する農業機械メーカー、クロカワ農機に勤務する安田氏は、入社5年目にして、国内営業から**海外営業**の部署に移った。彼の仕事は海外の市場開拓で、現地の**販売代理店**と同行して取扱店を開拓することだ。その際、海外市場のニーズを収集し、今後の製品開発にフィードバックすることも重要な任務であった。

安田氏が赴任した国はタイで、米の生産は日本の2倍以上である。しかも近年はトラクターの中古販売数よりも新車販売数が多くなり、クロカワ農機にとっては魅力的な市場であると同時に、海外市場への展開で出遅れたクロカワ農機にとっては、何としても市場シェアを拡大したい市場であった。

安田氏は現地到着後、複数の販売代理店を訪問し、人脈形成と情報収集を開始した。現地のニーズを捉えた新製品を開発すれば、後発のクロカワ

海外営業

海外営業とは、海外市場において顧客を見つけ、販路を開拓し、自社製品を販売する活動である。海外市場は日本と商習慣が異なるので、現地では日本のやり方がまったく通用しないというリスクを含んでいる。したがって、現地に出かけ、自らの目や耳で様子を確認する必要がある。

とはいえ、ただ現地に乗り込むだけで成功するわけではない。重要なのは、現地でのパートナー選びである。多くの場合、代理店という形をとる。良いパートナーに恵まれたなら、現地の情報が入手しやすくなり、現地での人脈を広げることにおいても効率は良くなる。

農機にも勝算があると考えた。しかし、現地の販売代理店たちの語学力は低く、十分なコミュニケーションが成立しない。そうした中、代理店責任者のソムチャイ氏は英語ができたため、安田氏とはよく話す機会があった。

このソムチャイ氏は以前から、タイでは、省エネ・高性能の中小型トラクターに大きな需要があるとにらんでいた。タイでは1年間にトラクターを稼働させる時間が長いため、燃費への関心は高いはずで、しかも、高性能で作業効率が上がることについてもニーズがきっとあるはずだというのである。

安田氏はそのアイデアを聞き、すぐに本社へ連絡をとった。しかし、日本であれば、確かに高性能タイプが歓迎されると予測されるが、タイでもそれだけの需要があるのか本社は疑った。高スペックのものは、販売価格に反映するので、タイの経済情勢を見ると日本仕様ではまず売れないと考えられた。

それでも、安田氏は粘り強く本社に現地の声をアピールした。安田氏にして見れば、現地のナマの声を聞いているだけに確信があり、そ

販売代理店

販売代理店は、メーカーから特別に許可された条件で製品やサービスを販売する者をいう。その契約はさまざまであるが、一般的には総代理店という一定の市場範囲内を独占的に営業できるスタイルが主流である。

ただ、同一市場に複数の代理店が存在しているケースも決して珍しくはない。その場合は、代理店同士で顧客を取り合い、相見積もりが提出され、値引き合戦に発展するといった、望ましくない状態になりやすい。

この販売代理店の契約は期限が設定されていることがほとんどである。そのため契約通りの販売量を達成できなかった場合は、契約更新とはならないことになる。逆にいえば、契約期間の間は、チャネル変更が難しく、魅力的な代替のチャネルが見つかっても、切り替えの時機を逸することも起こり得る。

のデータをいかに示すかだけが課題だった。それにはソムチャイ氏が全面的に協力した。ソムチャイ氏もクロカワ農機の市場拡大を通じて、販売代理店を大きくしたいという強い意欲があった。

その結果、安田氏の熱意に動かされ、本社は省エネ・高性能タイプの機種を海外市場向けに加える決定を下した。ただし、日本仕様よりも機能を抑えた廉価タイプの機種となった。安田氏はこれが大ヒットすると思っていた。しかし、ほとんど売れない。確かに、ソムチャイ氏が担当する顧客には数台売れたが、ほとんどの顧客にとっては明らかにオーバースペックであり、廉価型といえども、その販売価格はタイの経済実態に見合ってはいなかったのだ。

ソムチャイ氏は、今回の失敗は販促が足りなかったことによると考え、省エネ・高性能の需要を喚起するような販促キャンペーンを全国で行うことを提案してきた。しかし、今回の一件で、安田氏はソムチャイ氏のいうことが、必ずしも現地のニーズを反映しているわけではないことを思い知り、現地の声をこれからどう集めるべきかを思案するのだった。

解説 エピソード36

海外市場で営業がなすべきこと

現代が情報化社会といわれて久しい。ありとあらゆる情報が瞬時に世界中を駆け巡る時代である。

われわれは、世界中で起きている多くのことを知る手がかりを有している。

しかしながら、情報化社会で扱われている情報は、何らかのフィルターをとおして加工されたものであることに注意しなければならない。インターネットやＴＶの情報は誰かが加工した二次、三次情報である。そのため、そこには偏見が入り込んでいたり、表現が困難なものは削除されていたりする。自国にいながら異国のことを知り得るといっても、それは一握りのものでしかない。

特に文化的なものは言語化が困難なものが多い。味覚やセンスといった感覚の問題を含むからである。文化的差異がある場合、どうしても現地に赴き、実際の消費者やユーザーの声を聞く必要に迫られる。さらにいえば、彼らの文化的な意味づけを理解するには、長期間にわたり現地で調査する必要もある。

ビジネスチャンスを捉えるために必要情報は現地に行かなければ手に入らない。そして、現地でのパートナーづくりがうまくいかなければ、効率的な情報入手が困難となろう。海外市場での営業の役割は、現地の情報（顧客ニーズなど）をタイムリーに入手することである。そのための課題は、現地で頼りになるパートナーシップの構築である。

しかし、現地の情報不足ゆえにパートナーを必要とするのであるが、情報不足ということはパートナーについての情報も不足しており、パートナーの選択を誤る危険性も高いということを認識しておく必要がある。

エピソード37

販促キャンペーンで現地化

食品メーカーで8年、営業を務めた宇治川氏は、海外営業部に抜擢された。拠点はシンガポール、そこから近隣諸国へアプローチする。当社の主力商品はとうもろこしを原料としたスナック菓子である。国内市場は規模が飽和しており、今後は海外への展開を積極的にしたいというのが経営陣の意思決定である。宇治川氏は課長として赴任する。

赴任してみると、現地の小売店への営業は現地スタッフが担当することがわかった。現地のバイヤーは必ずしも英語が話せるとは限らない。地域での商習慣の違いもあり、結局、宇治川課長は営業マネジャーとして、シンガポールで報告を受け取ることに終始する。

現地スタッフとは英語でコミュニケーションをとるもの

現地適応

本来、マーケティングをグローバルに展開する場合、製品やサービスを標準化できれば大幅なコストダウンが見込める。つまり、規模の経済性が期待できる。しかしながら、販売先の地域が異なればさまざまな文化的、政治的側面から標準品の受け入れが困難な場合がある。

その際、製品やサービスを現地のニーズにあわせて提供しようというのが現地適応という考え方である。とにかく顧客満足を得られないことには、ビジネスは存続できない。地域によって満足のポイントが異なるのであれば、現地適応の方向をとることになる。

ただし、何をもって顧客満足のポイントと見るかは、リサーチのあり方にも大きく左右されるであろう。数値化しやすい満足度指標があればよいが、味や色の好みなどは数値化が難しい。ひとくちに現地適応といっても、時間のかかる作業が待ち構えているのである。

の、各地のニーズがつかめきれない。味の好みもそれぞれ異なり、同一国内でも地域差があった。

宇治川課長は各国の好みの味に関するデータを収集し、日本でそれらに見合うフレーバーの開発を進めて**現地適応**をはかりたいと考えた。しかし、そうしたデータ収集の方法が現地になかった。つまり、アンケート調査では味覚の表現が難しく、データから好みの味の再現は不可能に近い。日本サイドもデータがなく開発の段取りが立たない。仮に現地の消費者モニターを日本まで招待し、味覚テストをすれば試作可能かもしれない。ところが、現地と日本では気温や湿度などの状況が日常とは異なるので、被験者の味覚センスにギャップが生じるであろう。

そうなると、研究開発拠点が各地に必要となるが、現段階では無理な話である。結果的には日本製スナックというブランドで、高級品扱いになる。すると、広告などによるイメージ戦略が必要だ。しかし、各国でのイメージにも差があり評価は一様ではない。テレビ広告をする予算はなく、ＳＮＳの利用と広告効果も必ずしも一致はしていない。ついには、店頭での値引きセールが一番のＰＲ効果ということで落ち着いてしまう。

イベント

営業で使われるイベントは、製品やサービスに関するイメージやメッセージを短期間で大勢の人々に伝えようとする、販促活動の一環としての催しをいう。その目的は、ブランドの認知を高めることにつきる。例えば、スポーツグッズのメーカーがマラソンなどのイベントを開催し、自社製品をアピールする等がこれにあたる。

しかしながら、イベントは大きなものになると莫大な人員、費用が必要になる。そのためリスクも大きい。イベント当日に何が起こるかもわからない。結果として、費用をかけた割には認知度が得られない場合もある。逆に、小規模で低予算のイベントもある。販促効果も小規模となるが、柔軟で素早く、実験的にできるというメリットがある。

宇治川課長は、他の日本企業が海外進出する場合を調べ、1つ参考になるアイデアに辿りついた。**地域イベント**の開催である。日本のあるメーカーが、海外進出のときに各地で音楽イベントやアクロバット・バイクショーを開催し、イベントスポンサーとして広報して成功していた。いわば、巡業型イベントである。そこで、地域に密着したイベントを通じて当社のイメージを発信する企画を本社に提案をし、認められた。さっそくプロジェクトチームが結成され、現地スタッフからも活発な意見が出るようになってきた。

それから1年が経過した。現在では各地で毎週のようにイベントが開催されるようになった。宇治川課長も毎月各地のイベントに顔を出す。現地イベント企業とも太いパイプができつつあった。イベントでは、会社のロゴ入りのステッカー等のグッズも配布される。現地の業者ともタイアップしながら草の根的な活動によって、徐々に知名度もアップしてきた。やがて、店頭での売れ行きにもポジティブな影響が出てきた。

宇治川課長は今日も地域イベントに立ち会う。とても暑い日だ。夕方からの音楽イベントを前にスタッフとステージ横でミーティング。テーブルには当社のスナック菓子。宇治川氏はスナックを1つ口に入れた。「もっと甘い方がいいなあ」と思った。しかしその声は日本の本社に届かないでいる。

解説　エピソード37

現地適応の2つのレベル

生産財の場合は、市場がグローバルであれば標準化の方向で進みやすい。というのは、標準化によるコストダウンによって、ユーザー側に経済的メリットがあれば、それは製品の競争力の1つになるからである。

しかし、消費財の場合、一般消費者の好みに左右される場合が多い。その好みは地域によって差がある場合がほとんどである。日本と気候や風土が異なる地域では、好まれる味覚にも差が生じてくる。

このエピソードで取り上げたスナック菓子も、味覚の地域差に大きく影響を受ける。現地適応の方向で考える必要性がある。問題は、製品レベルで現地の好みに合わせることが可能かどうかである。現地の好みに合わせたフレーバーが開発できるかどうか。そこには莫大なコストが必要になる。

そこで、別のレベルで現地適応できないかを考えることになる。それが販促レベルでの適応化である。多少の好みの差を、別の次元で埋めていく。例えば、かつて激辛ブームというのがあった。本来、日本人が好む辛さ以上のものであるが、一定の成功をおさめた。これは、広告や販促キャンペーンをとおして、自国にはない珍しさといった魅力を発信できたからである。

そのためには、消費者に接近し、地域での文化に溶け込む形で販促活動をする必要が出てくる。スポーツや音楽のイベントを通じ、参加者を募り、同じ空間を共有しながら製品のイメージやメッセージを伝えることも重要になる。

エピソード38

市場開拓と債権回収の両立に悩む

水処理機器メーカー大手のウォータープロセスに勤める長崎氏は、南米の主要国で事業を展開する現地グループ企業に出向となった。長崎氏は、海外で環境ビジネスに取り組みたいという希望があって、世界中に水処理機器を販売するウォータープロセスに入社したが、入社8年目でその希望がかなったことになる。

南米の現地グループ企業には、やはりウォータープロセスから海外勤務経験が豊富な松山氏が部長格のマネジャーとして半年前から出向していた。ウォータープロセス本社としては、市場が拡張している南米の主要国において、市場開拓を積極的に展開するために現地雇用を積極的に進めてマンパワーを増やすことを決めており、今回は、長崎氏を松山氏の補佐として送り

債権回収

債権回収は、商品代金の支払いに関する契約をそのとおりに守ってもらうよう権利を主張することである。そのための契約書づくりは重要となる。商習慣が違えばなおさらのことだ。

しかしながら、約束を守らない販売先があるケースも多々ある。有利に債権回収を進めるには、いくつかのポイントがある。1つは相手に支払い能力があるかという点。それを事前に調査しておくことが重要になる。もう1つは、相手に支払う意思があるかという点。支払う気にさせるよう、相手にメリットを提供して支払うことの意義を認識させる必要がある。それゆえ、このエピソードにもあるように、相手の支払い能力を考えて割引の条件を提示することも必要である。とにかく代金回収ができなければ、すべての苦労が水の泡になる。

込んだのである。

長崎氏は、日本と同様に、南米においても市場開拓に積極的に取り組み、現地の営業スタッフと一緒に多くの顧客のもとに足を運んだ。その成果はすぐに現れ、いくつかの商談をまとめたときに、松山氏から、ここでは売上よりも売掛金にもっと留意するようにといわれた。

長崎氏は、本社の指示通り、船積後一二〇日の支払猶予期間を守って顧客に提示していたため、この注意には不満だった。何よりも市場開拓が重要なミッションといわれてここに来たのに、売上より回収が重要というのは保守的過ぎると思えた。

さらに、松山氏は、九〇日以内に支払いをすれば代金を何パーセントか割り引くという制度を作り、すべての営業が顧客にその提案をするように指示していた。そこまでして売掛金を減らす意味があるのか、せっかく市場が拡張してきているときに、こうしたやり方はブレーキを踏みながらアクセルを踏んでいるようにしか長崎氏には見えなかった。

しかし、長崎氏は、松山氏のそうした言動の意味をやがて思い知ることになる。販売先からの代金の回収が一筋縄ではいかなかったからである。

信頼関係

信頼関係とは、当事者がお互いを信頼している状態をいう。しかし、最初からその関係ができ上がっているわけではない。信頼関係は時間をかけて相互に作り上げていくプロセスが必要である。

また、信頼関係は脆弱であり、情報の信頼についていえば、「ウソ」が発覚したとたん、信頼関係は崩れてしまう。その抑止力になるのが契約であり、契約違反に対してペナルティを設定することで、虚偽の情報や不履行を未然に防ぐのである。すなわち、契約を相互に守ることで信頼関係が構築されていくのである。ただし、契約を重視し、ビジネスライクに徹しすぎると、契約に書かれていないことは信頼できないことにもなる。

経営者や担当者が不在のため払わないというのは序の口で、後になってから商品が違っていたということを納品先からいわれたりして、現地の制度が十分でないために、回収ではさまざまなトラブルが発生して、営業どころではなかった。回収期間が長いほど、このトラブルが発生しやすくなるため、松山氏は、営業をする段階から**債権回収**のことを注意していたのであった。

そして、松山氏は、トラブルのあった取引先とは今後いっさい取引しないというルールを徹底化する一方で、営業の段階から顧客が進んで代金の支払いに応じるような仕組みを考えて、顧客に提案をするように命じた。これは、長崎氏らが債権回収業務に振り回されずに、市場開拓に取り組めるようにするためであると同時に、代金回収に目を奪われて、過度にビジネスライクに徹すれば、現地顧客との**信頼関係**も築けなくなってしまうためでもあった。

そこで、長崎氏は、現地の法律や税制を勉強し、顧客にとってもメリットのある取引方法を提案するようになった。長崎氏は、それまで熱意をもって顧客の懐に飛び込めば、海外でも市場を開拓できると素朴に考えていたが、海外に出ることで、文化が違うと営業のやり方が違うという意味を再認識することになったのである。

解説　エピソード38

与信管理への意識

海外市場における債権回収のトラブルは後を絶たない。その原因として代表的なものとして3点考えられる。第1に、債務者側に支払いの意志はあっても、一時的な資金不足のため「待ってほしい」という場合である。第2には、納品された商品に欠陥や問題があるという理由で支払いがストップされるケースである。そして第3に、債務者が悪意をもって支払いを拒んだり遅延させたりする場合もある。

一方、債権者側の問題としては、取引先について十分な調査をせず取引を開始してしまう場合が考えられる。あるいは、取引実績があったにもかかわらず、所有権留保を設定しなかったため、未払い発生の処理に失敗してしまう場合もある。債権者の体制がしっかりしたものであれば、債権回収のトラブルは回避できる可能性がある。取引規模が大きくなっていくと、売掛け制度などの信用取引も増えていく。それに従って、不良債権化しないための方策を十分に検討していく必要も生じてくる。

特に取引の最初の段階において、与信管理を徹底させることが重要となる。契約する上で、相手が信用に足る企業かどうか、将来的に不良債権化するリスクがどれだけあるか、そうした見極めが不可欠である。

しかしながら、営業部門は、つい売上を伸ばしたいという思惑から、成約を優先させる傾向になりやすい。その際、リスクの高い相手との契約は十分な配慮が必要になるので、与信管理は営業部門とは独立した部署で行うことになる。その一方で営業部門に意識を徹底させるため、営業の仕事を代金回収まで含め、代金回収率が営業成績や人事評価に反映させる制度が求められる。

エピソード39

国内市場で競争させられる

桃谷氏は機械商社のツルモ産業に勤務する4年目の若手商社マンだ。海外の商材を輸入し、日本の製造業者に販売するのが主な仕事である。商材といってもツルモ産業が用意してくれるのではなく、商社マン自身が独自に商材を発掘し、輸入・販売をするというスタイルになる。簡単な仕事ではないが、**輸入総代理店**の契約を結べるならうまみのある仕事になる。

桃谷氏は海外の見本市に足を運び、日本市場に参入したい企業を発掘しようとしていた。今回はドイツ・ハノーバーのメッセ（見本市）を訪れ、見込みのありそうなシステムを見つけた。生産ラインで流れるパーツの傷などを検知し、アラームを出して不良品として自動的にラインから外すというものである。一見、日本の国内でも出回っていそうなシステムであるが、その

輸入総代理店

輸入総代理店とは、他国の製品を独占的に輸入し、自国内で販売できる制度である。基本的に、1テリトリー1社であるため、同一商品を扱うライバルはいない。そのため、値崩れしにくく、利益を確保しやすい。しかし、並行輸入というケースもあるので、必ずしも独占販売が実現できる保証はない。契約によっては、自国のライバル社が第三国の代理店から輸入してしまう可能性もあり、そうなれば、総代理店制度は機能しなくなる。

デメリットとしては、代理店に販売力がなければ、代理店を使って市場開拓ができないリスクがある。また、代理店の行動が本国のメーカーのブランド戦略に適合せず、特に十分な投資を行わない場合には、契約を打ち切り、直営の販売チャネルを設定することもある。

傷検査の精度が1ケタ違う。しかも生産スピード（タクトタイム）を落とさずに処理できる。これだけのカメラの解像度と処理能力からすると、日本でつくればかなりの高額なシステムになる。このシステムなら価格的に競争力があるかもしれない。

桃谷氏はそのブースの担当者に声をかけた。この検査機器メーカーは、ドクターテックという。日本に総代理店はない。そこで桃谷氏は、自社で総代理店をさせてもらえるかを聞いた。しかし、ドクターテックは総代理店制にはしないという。理由はこうであった。ドクターテック社の前身はTNGというが、その当時は日本の商社のテラマ貿易と総代理店契約をしていた。しかし、テラマ貿易は販売力がなかったのでまったく売れなかった。その期間に他の商社からの引き合いがあったが、テラマ貿易の契約があったので断るしかなく、かえってビジネスチャンスを逃してきた。そのため、ドクターテック社では国外からのオファーがあっても、スポット的に販売するというスタンスだという。

とりあえず、日本のユーザーから引き合いがあれば、後日連絡をすると約束してブースを後にした。商社向けの価格表はもらえたので、あと

相見積もり

本来、見積もりは販売価格と販売条件を記した書類である。販売条件としては、支払方法や納期、見積もり有効期限などが記入される。そして、同一製品に関する見積もりが複数の企業から提出されることがある。これを相見積もりという。

購入者にとっては、最も条件の良い企業から購入すればいいのであるが、販売者側にとっては、ライバル同士で値引きを競わされることになり、結局、利益がなくなることもある。

しかも、新規参入業者にとっては、相見積もりになるということは、取引への参入のチャンスになるため、価格競争がいっそう厳しくなる可能性もある。そこで、製品単体ではなく、独自のシステムやサービスを伴う形にして、製品単体での相見積もりにならないようにすることが重要になる。

は日本で見込み客を探すことになる。

桃谷氏は心当たりのメーカーをあたり、モリミヤ電機という電子部品メーカーにたどり着いた。部品のガラス部分の傷をライン中に検査したいという。タクトタイムも落としたくない。日本製の検査システムだと、高額の投資になる。

ただし傷検査の検証のため、デモンストレーションの装置（デモ機）が必要だ。さっそくデモ機を手配し、モリミヤ電機に持ち込んだ。検査をしてみると問題なく欠陥を検出できた。タクトタイムも問題ない。見積もり提出の依頼をうけて桃谷氏は帰社した。

見積もりを提出した数日後、モリミヤ電機の今宮氏から連絡があった。話を聞いて驚いた。モリミヤ電機の別の部署が、同じドクターテック社のシステムの見積もり依頼をテラダ貿易経由で手に入れていたのだという。その部署の担当者はかつてＴＮＧのデモ機を検証した経験があったので、ドクターテック社の存在も知っていたのであった。

そのような経緯で、偶然にも**相見積もり**になってしまった。しかもテラマ貿易の見積価格の方が安かった。結局、桃谷氏はさらに安い価格をつけ、オーダーを獲得した。苦労の割には、リターンは期待通りではなかった。今後は何か別の付加価値が必要だ、そう桃谷氏は思うのだが、特に名案は浮かばなかった。

解説　エピソード39

調達と営業の組合せ

メーカーの営業であれば、自社製品のみの営業活動となるが、商社の場合、基本的にはどのような商材を扱ってもよい。そこで、新しい商材を海外に求めるということがでてくる。その接触機会の1つとして、世界中で開催されている見本市がある。

このエピソードにあるように、見本市では他国からのオファーが来るが、その際、総代理店にするかどうかの問題が出てくる。総代理店においては、排他的独占権があるので商社にとってメリットがある。相見積もりになるリスクが少ないからである。よって、じっくり腰をすえて市場開拓ができる。

他方で、メーカーにとってみれば、その商社に市場開拓の能力がなければ、いつまでも注文が来ないことになる。特に多くの製品の代理店になっている場合、市場成長の期待がよほど大きくないかぎり、特定の製品だけのために特別な市場開拓の努力を払うのではなく、製品を紹介して、顧客から引き合いがあれば営業するという受け身の営業にとどまる可能性がある。しかも、そのような受け身の営業では、顧客の関心も価格に流れがちである。

しかし、革新的な製品の場合には、特に市場開拓の努力が重要になる。それは顧客自身が、まだ気が付いていない問題について、問題を認識させ、その製品を使うことで解決できるということを幅広く知らしめていくことである。それは産業を越えて展開されるため、さまざまな産業の顧客をもっている商社の強みが活かされる。それが本来の商社の仕事となるはずであるが、商社は多くの製品を扱うために、そのような市場創造活動が十分にできないというジレンマに陥るのである。

エピソード40

「日本のものづくり」だけでは勝てない

北新車両は国内準大手の電車車両メーカーである。北新車両は総合商社と組んでヨーロッパ各国での車両の受注をめざしている。北新車両に勤めて9年目の藤沢氏は、昨年から国際事業部に移り、ヨーロッパでの営業を担当していたが、顧客との関係がすでにできている国内営業とはあまりに勝手が違い、なかなか成果を出せないでいた。

本社サイドでは、北新車両の国際的に卓越した技術力を顧客にきちんと説明すれば、必ず受注につながるという素朴な思い込みからいまだに抜け出せず、ヨーロッパで受注がとれないのは、営業努力が足りないとか、顧客からの情報収集ができていないからだと考えているようだった。藤沢氏は技術で勝っていても営業はできないことを本社に機会があるごとにいくら訴えても、そんなはずはないとばかりに本社は対応をまともに検討してくれなかった。

先月もこんなことがあった。本社から、トップ営業のために社長がヨーロッパ

ものづくり

ものづくりとは、日本の製造業における製品の生産過程のことであり、生産現場における改善を重ねることで、効率的で高い品質の製品を生産できる能力を蓄積して、その企業の競争優位を支えているという認識のもとで使われる用語である。したがって、「ものづくり」というときには、日本企業における製品品質や生産過程での品質管理の水準についての高いプライドがあり、それが自社の強みであるという認識がある。

にきて、当社の作った車両は日本製の高い信頼性に裏づけられているとして、営業先に対し、いかに優れた製品かを訴えた。「日本の**ものづくり**は、世界のどこにも負けない。メイドインジャパンとは高い信頼性のあかしだ。疑問を挟む余地がないから、質問さえ出なかっただろう。」と社長はプレゼンの後、藤沢氏らの前で胸を張っていたが、藤沢氏はこういうイメージ論では顧客の関心に応えることはできないことはわかっていた。顧客は日本の「ものづくり」の印象で発注先を決めるのではなく、故障率や保全のしやすさについての定量的なデータを出さないことには理解してもらえず、質問が出ないのは関心がないことを表していた。

もちろん、藤沢氏は、こうした定量的なデータをしっかり揃えて提示するというフォローを行ってきたが、そのデータすらもあまり有効ではないことが多かった。ヨーロッパでは、究極の信頼性や絶対の安全基準での品質の微妙な差異は評価されず、**過剰品質**となってコスト的にも合わない事態となっていたからだ。

また、日本国内では、競合の車両メーカーと開発や営業においてしのぎを削っているが、ヨーロッパ市場を攻略するには、他の車両メーカーや鉄道会社と連携して、ロビー活動を積極的にしなければならず、そのための競合との情報交換が必要だった。それをしなければ、競争する前から勝負が決まってしまう。しかし、「日本のものづくり」を素朴に信奉する本社が、その必要性を理解できず、そのための協力も期待できない状況にあった。

過剰品質

過剰品質は、顧客が期待する以上の品質にしてしまうことである。これは開発者が顧客の需要を適切に理解していない場合のほか、ターゲットとする顧客層を間違えている場合や、営業が顧客の要望に過剰に反応してしまう場合に発生する。

藤沢氏は、海外市場を開拓するためには、国内市場とは違う発想で望まないと難しいという思いが強かった。しかし、国内市場重視の北新車両が、そのことをたとえ理解できたとして、それに対応するためには、国内市場向けに磨き上げてきた品質水準を見直すことになるために難しく、本社が藤沢氏らの要望に冷たい態度をとるのも仕方のないことだった。

とはいえ、国際事業部にいる藤沢氏は、会社の戦略についての愚痴をいっても仕方がないので、機会を捉えては、本社のさまざまな部門への働きかけや交渉に奔走するのだった。海外営業を担当しているのに本社の中で行う仕事が多いとは皮肉なことだが、藤沢氏は、こうした社内の説得活動のことを「**インターナルマーケティング**」ということを何かの本で知ってから、これもマーケティングの大事な1つだと思うことにしていた。

インターナルマーケティング（インナーマーケティング）

一般的なマーケティングが、外部の顧客に向けて情報を発信して、ブランドの価値を伝えるのに対し、インターナルマーケティングは、内部の社員に向けて情報を発信し、社員が重視すべき価値を伝えることになる。情報発信としては、外と内という正反対の方向に向かうが、インターナルマーケティングは、本来は、マーケティング活動の基礎条件を形成するために行うものである。すなわち、インターナルマーケティングを通じて、企業がめざすべき上位の目標やブランドの価値を社員が共有し、社員が目標や価値を自分のものとして共感するようになれば、社員は、仕事の質を高めることに喜びをおぼえ、それが仕事の質を高めて、顧客満足度を高めるということを期待している。

インターナルマーケティングでは、サービス拠点や営業拠点のように、担当者が本部とは離れた場所で仕事をする場合に使われるが、その際、各地の担当者に向けて価値を伝えるためにマーケティングの情報発信の手法を応用することから、マーケティングという用語が使われる。

解説　エピソード40

日本の「ものづくり」の限界

日本のメーカーでは、「ものづくり」の優位性を強調する企業が多い。そうした企業では、生産現場の改善能力が高く、製品の品質と生産ラインにおける品質管理の水準の高さが強みとなっている。この「ものづくり」の優位性を支える条件は、生産現場の担当者間はもちろんのこと、開発者や部品・原材料サプライヤーとの間で情報共有がしっかり行われ、品質や効率性にかかわる問題を共同で解決するという体制にある。しかも、そのような問題解決を導くように、品質や効率性にかかわる問題を「見える化」することが重視される。

このような生産体制は、海外のメーカーではなかなかマネができないため、「ものづくり」は日本のメーカーが競争優位を長く維持できる基本的な条件となっていたのである。ところが、この「ものづくり」の優位性が今、揺らいでいる。デジタル商品などでは、優れた部品さえ調達できれば、高い品質の製品が作れるようになり、他方で、中国などのアジア諸国の生産・開発能力が日本の技術水準にキャッチアップしてきたために、日本製品の品質面での優位性が解消され始めたのである。

さらに、「ものづくり」の体制は、生産や開発の技術者同士が緊密に情報を共有することで支えられるが、その技術者の感覚と市場のニーズが合わなくなってきたという問題も生じている。技術者同士では、高い品質を追求することを当然のように考えるが、消費者には、その微妙な品質の違いが識別できないという「過剰品質」の問題が起きるようになってしまったのである。しかも、かつて国内市場だけを相手にするときには、微妙な品質の違いにこだわる消費者の割合が多く、あまり気にする必要はなかったが、グローバル企業として、海外市場に出るときには、目の肥えた消費者よりも、微妙な差異にこだわらないボリュームゾーンを構成する消費者を狙っていく必要があり、「過剰品質」の問題は、高コストの原因と考えられるようになったのである。つまり、これまでは日本人同士で通用していた高い品質が、海外市場では、過剰品質で高コストというマイナスの評価につながってしまうのだ。

そこで、ターゲットとなる市場が求める製品の開発や生産に切り替えていかなければ、海外市場では勝てないことになるが、この切り替えが「ものづくり」重視の企業には容易ではない。

前に書いたように、「ものづくり」の優位性は、技術者同士の情報共有によって支えられており、そこに営業やマーケティング部の声が入りにくい構造になっている。技術者同士では「よいモノは売れる」という認識で共感でき、それゆえに、改善に懸命に取り組むことができたのであるが、そこに営業からの「これでは売れない」という声を入れることができるだろうか。そもそも営業やマーケティングと生産との間にコミュニケーション・チャネルができていないことも多い。また、生産ラインにおける改善では、効率性や品質のように改善の目標や指標が明確なものを手がかりにするが、市場の予測のような主観的な判断を扱うのは難しい。ややもすれば、「よいモノ」は評価されて当然であり、売れなければ「買い手に見る目がない」とか「営業の責任」と、売れない理由をすり替えてしまうことになる。

したがって、「ものづくり」を重視する企業では、技術者と営業とがまずコミュニケーションをとれる体制に作り替えていかなければならず、そのために、このエピソードにあるように、営業から社内に向けて情報を積極的に発信していく必要性が生まれるのである。

第10章

サービス化する営業

エピソード41

すぐに飛んでいきます

情報機器メーカーの阪央テックに勤務する木戸氏は、営業部に配属されて5年になる。入社当初、当時の営業部長から「わが社の製品は他社にない優れた特徴があるのだから、そこを顧客にアピールせよ」という指導を受けた。木戸氏はその言葉を忠実に守り、商談では製品の性能の高さをアピールしてきた。しかしこの数年は、技術面での競争の激化とともに阪央テックの市場シェアは減少し、昨年には組織の改編を伴う営業改革が始まった。

従来の営業方法は、顧客を訪問して情報機器を提案することが中心だった。しかし、それがもはや通用しないと判断した経営幹部は、モノではなくサービスの差別化を図る方針を打ち出した。コンサルティングを通じた**ソリューション**を訴え、保守サービスやコールセンター業務サービスを提案するのである。そのために阪央テックの経営幹部は「顧客満足」を第一とし、営業担当者には顧客ニーズに応えることが最優先であると指示した。

こうした営業改革のもと、木戸氏は顧客満足を得るために、何でも積極的に取り組もうと決心した。顧客にトラブルが発生すれば「すぐに飛んでいきます」ということをセールストークで訴えた。その結果、ある既存顧客との間で保守サービス契約を結ぶことができた。

　ある日、木戸氏に一本の電話が入った。担当する顧客のシステムにトラブルが見つかった。木戸氏はサービス担当者とともに急行した。そのトラブルはその日のうちに解決し、事なきを得た。顧客は、木戸氏の対応に満足したらしく、それにより木戸氏も気分をよくした。自分のセールストークに自信を得たので、翌日からの木戸氏はさらに威勢のよいものになっていった。「何か問題があれば、お客様のもとにすぐ飛んでまいります」と木戸氏はいう。顧客も「そこまでいうのなら」ということで、さらに契約数が増えた。

　今年に入り、阪央テックのシェアは徐々に回復の兆しを見せていた。他の営業担当者たちも「顧客満足」を標榜して、社内でもサービスを中心とした差別化の効果が出てきたという声が聞こえてきた。そんなある日、顧客であるサインコムから連絡が入った。サインコムは、ここ最近、木戸氏が新規契約した企業で、保守サービス付きで情報機器を導入していた。連絡の内容は、「システムの表示にエラーが出るので何とかしてほしい」というものであった。木戸氏は、サービス担当者に連絡を入れ、顧客のもとに急行しようとした。

　しかし、肝心のサービス担当者は他の案件で出張中であった。その日は他の

ソリューション

　ソリューションとは、問題を解決することを指すが、システムとしてのソリューションでは顧客が抱える問題を製品レベルだけでなく、サービスを付加した形でトータルに解決しようという考え方となる。

　従来であれば、顧客は製品を購入すればかなりのニーズは満たせたのであろうが、世の中が多様化し、複雑化するにつれ、製品単体で顧客ニーズを満たすことは困難になってきた。そこで、顧客の問題をヒアリングし、さまざまなサービスを総合的に提供し、システムとして顧客に提供する。そうすることで、他社との差別化が図れ、価格競争を回避可能にする。

エンジニアもすでに別件で出払っていた。木戸氏は自分だけでもと思い、サインコムに向かった。サインコムの担当者は、阪央テックのサービス担当者が来ると思っていたが、木戸氏1人であったので気分を害してしまった。「何か問題があれば、すぐに飛んで来てほしい」というのはサービス担当者であって、営業担当者ではない。しかし、最近、サービス担当者たちは保守サービスのため連日出払っており、緊急トラブルへの対応はもはや不可能だった。

結局、サインコムにサービス担当者が到着したのは、その2日後であった。エラー表示は大事には至らず、すぐに復旧できたものの、木戸氏の信用は大きく揺らいでしまった。木戸氏はこの件で「顧客満足」の意味を取り違えていたことに気づいた。

解説 エピソード41

なぜサービス化が難しいのか

顧客のニーズが多様化、複雑化するにつれ、製品単体で彼らのニーズを満たすことに限界が生じてきた。例えば、アフターサービスが充実していなければ、顧客は満足しないであろう。すでに多くのライバルたちがサービス化を進めている場合、製品単体のモノに依存した戦略では差別化できず、価格競争に陥る。

しかし問題は、顧客がサービスを当たり前と勘違いし、サービスを無償だと考えたり、いつでも対応してくれると思い込んだりする危険性があることだ。エピソードにもあるようなシステムのビジネスでは、ユーザーはエラーの解決が自力でできないこともある。すると、どうしても自社のサービス担当者を派遣せざるをえなくなる。その際、サービスにかかわる費用についてちゃんと合意がとれているかが重要だ。

営業の立場からすると、顧客との間に築いてきた信頼関係を壊したくないこともあり、「すぐに対応します」といってしまいがちである。しかしながら、社内のリソースには限りがあるので、即対応できるかどうか、その費用はどこが負担するのか、その点は慎重に打ち合わせをしておかないと後で困ったことになる。大事なことは、顧客の問題を解決することであり、顧客のいいなりになることとは違う。できないことをできると安請け合いしてしまうことの方が問題である。

さて、そうなると、営業とサービス部門とはよく連携がとれていないと、顧客に迷惑がかかる。サービス部門の対応キャパシティを常に把握して、それを顧客に伝えて理解を求めることが大切になる。

さらに、サービス担当が動けば費用が発生する。もちろん彼らにも人件費が発生しているので、サービスそれ自体でビジネスとして事業化しておく必要がある。例えば、アフターサービスならどれくらいの予算になるかを計算し、顧客に対して見積もりを提示しないといけない。

ここで課題になるのが、サービス費用の削減である。サービスの費用は、サービス事業規模に依存し、事業規模が大きくなるほど、効率的なサービスの提供が可能になる。また、カバーするエリアの中でより多くの顧客の受注を獲得すれば、スタッフの移動コストを圧縮できる上に、オフピーク時の需要の落ち込みを少なくし、サービス人材を有効に活用することができる。したがって、サービス体制を構築する場合には、先行的に投資をして、大規模に展開し、それで費用を引き下げることで、需要をさらに開拓するという展開で考える必要がある。それはサービス化に戦略の舵を切り、先行投資をすることで可能になることだ。

エピソード42

ヨコ展開で業績を落としてしまう理由

情報システム業界大手の甲斐システムサービスでは、顧客企業に導入する業務用アプリケーションを共通化・標準化して、他の顧客への**ヨコ展開**をいっそう推進することになった。すなわち、ある顧客のために開発した情報システムを別の顧客にも適用することで、システム構築の費用を削減することをめざすのである。

しかも、共通したシステムであるために、すでに実績のあるシステムとしてクオリティを確保できる上に、追加の修正やアフターケアでも顧客間で情報を共有することで、迅速で効率的なサービスが可能になるというメリットもあった。したがって、甲斐システムの営業部門では、ヨコ展開を積極的に展開することを最優先の課題として、この1年あまり取り組んできた。

関西エリアを担当する営業課長の滝川氏は、近頃、このヨコ展開を

ヨコ展開

ヨコ展開（または水平展開）とは、すでに実績のある方法を別の業種や顧客に対して適応しようとする取り組みである。ある程度スタンダードな方法が確立していることで、カスタマイズする部分が少なくて済み、コストダウンが見込まれる。

しかし、顧客からすると、完全にカスタマイズされたものではないので、満足度が低くなる可能性がある。するとその分を値引きしてほしいという要望も出てくるだろう。つまり、売り手にとってはコストダウンで利益を確保しようとするのだが、それが顧客の不満材料になり、かえって値引き交渉の材料になる危険性もある。

部下に取り組ませることについて悩みをかかえていた。確かに、経験の浅い営業でもヨコ展開をすることをまず考えさせ、そのような提案に向けての指導や事前の準備をすれば、受注はとれるようになっていた。しかし、それが部門全体での利益率の改善には結びついていなかった。むしろ、新規の顧客開拓が低調になっているという傾向が、次第に明らかになっていたのである。

営業課長会議の場でそのような問題を出すと、他の営業課長からも同じような意見が出された。しかし、それに対し、本社の営業企画からは、ヨコ展開をきちんとやれば、既存の情報システムをベースに潜在顧客のニーズを捉えることで、これまで見落としていた顧客の潜在ニーズも明確になるはずで、新規の顧客開拓ができないということは起こりえないという回答しか返ってこなかった。むしろ、ヨコ展開が不十分なために費用の削減ができていないのではないかといわれてしまった。

そこで、滝川課長は、改めて営業の現場で何が起きているのかを調べることにした。すると、どうもヨコ展開を積極的に推進するようになってから、営業成績が上がる人と落ちる人に分かれている傾向が見受けられ、落ちている部下には、ある共通の特徴があることがわかってきた。

それは彼らが、顧客との価格交渉で苦労しており、顧客からの価格引き下げ要求を受け入れたり、価格面で折り合いが付かず、競合他社に受注をとられてしまったりして、業績を落としているのである。

なぜそうなるのかを部下にいろいろ聞いていくうちに、滝川課長は、ヨコ展開での営業方法に問題があることがわかってきた。滝川課長に限らず、甲斐システムサービスの営業の管理者は、ヨコ展開の営業方法が従来の営業方法と基本的に同じであると考えていたが、実際には、知らないうちに異なる営業プロセスになっていたのである。

ヨコ展開の営業を計画的に行う場合には、顧客データベースを使って見込み顧客の絞り込みが行われ、担当する営業マンが割り当てられて、その営業マンが情報システムの提案をするというパターンであった。この場合には、顧客の潜在ニーズについての聞き取りが不十分のまま、システムの紹介に偏った営業活動が行われやすいため、本来めざすべきソリューションよりもセールス中心の営業になりやすかったのである。

そのようなモノありきの営業では、顧客の関心が、価格をどれだけ下げられるのかということに向かいやすく、営業現場では価格交渉での譲歩を求められることがよく起こっていた。営業の側でも、ヨコ展開であるために、最初からカスタマイズする場合よりもコストがかからないという先入観から、社内に対して顧客の立場に立って価格引き下げを強く要望してしまうところもあった。

能力のある営業マンであれば、顧客のニーズをていねいに聞き取り、価格を会話の中心に据えるのではなく、情報システムによるソリューションをより魅力あるものにすることで、ヨコ展開でも値下げ交渉に陥ることを回避できていたが、そうしたことができる人材は限られていたのだ。

ここに至って滝川課長は利益率の低下を招いている原因を捉えることができたが、それをどう解決するかについて有効な策を導くのは容易ではなかった。

情報システムにおいて競争力を確保するためには、ヨコ展開を積極的に推進することが不可欠であり、ヨコ展開を抑制することはできなかった。ヨコ展開を進めることを前提として考えるなら、顧客の問題についての情報収集を部下に行わせることが重要であり、そのためには、ヨコ展開を通じて顧客の問題を捉えるための情報収集のスキルを上げていかなければならないだろう。それは自分の部下だけの問題ではないため、滝川課長は今度の営業会議において、そのスキルアップのための指導体制の改善を提案してみようと考えていた。

解説 エピソード42

顧客満足度を下げない標準化

標準化することでコストダウンを図る。それは、あらゆるビジネスで考えられる手法である。しかし、顧客ニーズは顧客ごとに異なる。顧客ニーズを満たそうとすると、どうしても標準化を抑え、ある程度のカスタマイズが必要にもなってくる。

しかも、業界の競争が厳しくなれば、営業は顧客満足を最優先に考え、顧客の方もカスタマイズでの譲歩を営業に求めるようになる。つまり、価格を下げて、しかも、カスタマイズの要求も呑むように求めてくる。そうした状況では、営業としては、顧客に標準化を提案したり、カスタマイズのコストの負担を求めたりするのは、なかなか難しいということになるだろう。

ヨコ展開というのは、営業マンに標準化の提案をさせることであるため、厳しい競争下で積極的に推進するのは難しい。しかし、カスタマイズにかかる費用を少しでも引き下げるためには、ヨコ展開で開拓可能な市場を見つけて、そこで進めることが不可欠になる。

その場合には、もともとカスタマイズのニーズが高い顧客や価格に関心がある顧客ではなく、新たな問題解決の提案に反応し、標準化でも許容する新規の顧客をターゲットとすることが重要になる。つまり、市場を分析した上で、新規の潜在顧客を見つけ出して、戦略的、計画的にヨコ展開を行うことが重要になる。

また、標準化のうまい使い方として、標準化を使って顧客満足度を高める方法もある。それは、顧客に問題解決を提案するとき、カスタマイズする部分と標準化する部分とを最初から明確に分け、標準化する部分が大きな比率を占めるようにしておくことが基本となる。顧客への提案の際、標準化された部分がプロトタイプ（見本）となるため、顧客はその製品に基づいて、自社の問題を具体的に捉えることができ、カスタマイズする部分をどうすればよいかもイメージしやすくなる。つまり、プロトタイプを示すことで、顧客の問題を可視化する「たたき台」として位置づけようということだ。

この手法の利点はそれだけではない。営業としても、カスタマイズする部分が最初から定まっているため、顧客のニーズを捉えるときも、その部分に集中して情報収集を行うので、深い聞き取りが可能になる。顧客の問題や不満をすべて洗いざらい聞き取るというのは、営業マンの情報処理能力を超えることであるため、結局、中途半端な聞き取りしかできない。そこで、フォーカスする問題を明確にすることで、営業の情報収集能力を高めるのである。

第11章

営業とマーケティング

エピソード43

営業とマーケティングとの衝突

冷凍食品メーカーの遠野食品の専務、青山氏は社長から特命を受けた。というのは、当社は営業部とマーケティング部との折り合いが良くないという。どうやらあまり連携がとれていないらしい。日常的な**部門間コンフリクト**があるようだ。それを何とかせよというのが今回の話である。青山専務は営業部とマーケティング部のミドルマネジャークラスを別々に集め、それぞれの言い分を聞いてみることにした。

まず1日目は営業部からの意見を聞いてみた。すると日頃の不満が一気に噴き出した。

「マーケティング部が何をしているのかよくわからない。」「マーケティング部は営業のいうことを聞いていればよい。」「売れるための提案をしてくれない。」「余計な仕事ばかりをもってくる。」

遠野食品は創業以来50年、営業部が中心となって会社を引っ張ってきた文化が

部門間コンフリクト

部門間の対立のこと。言い争いがなくても、めざす目的が違っていたり、役割や責任の範囲について食い違いが生じていたり、ものの見方・受け止め方が違っていることで、相手に対して対立的な気持ちがあれば、コンフリクトがあることになる。部門はもともと目的が違い、接している環境も異なるので、コンフリクトが大きくなりやすく、部門同士での協力がうまくいかないという問題を発生させる。

あり、歴史的にも営業部が先輩格だという社風がある。一方のマーケティング部は、10年前に、それまであった営業企画部を中心に、そこに営業部や広報部に散在していた販促・広告の担当や情報システム室にいた市場調査の担当をあわせて、市場調査から広告・販促までのマーケティング機能を専門的に行う組織として発足した。作られて時間が経っていない上に、「**マーケティング**とは何なのか」のような担当領域のわかりにくさから、組織改編の趣旨とは裏腹に、営業部からは、営業の下請けという目で見られていた。しかし、マーケティング部が営業現場のことも考えずに、営業のやり方にまで口出しをするのが気に入らないのだ。

そして2日目はマーケティング部である。こちらからも多くの不満が聞こえてきた。

「マーケティング会議に営業部の人間を呼んでも、理由をつけて出てこない」「商品が売れれば手柄は営業部のものとなり、マーケティング部の評価は低い」「営業部は、顧客のためというが、市場の全体像を見ていない」

遠野食品のマーケティング部は、製品コンセプトに沿った一貫したマーケティング計画を立てて、それに沿った広告や販促の計画・実施を行い、営業活動も連携させることで、初めて遠野食品のブランドを確立できると考えている。

マーケティング

企業などの市場に対して行う活動のこと。具体的には市場を分析し、新製品を企画・開発し、販売チャネルを設定し、広告や販促・営業の戦略を立てて実行する活動などが含まれる。したがって、マーケティングでは、製品、広告・販促活動、チャネル、価格という４つの構成要素を適切に組み合わせて、マーケティング戦略の目標を達成するものであり、この組合せのことをマーケティング・ミックスという。また、４つの構成要素は、各語句の頭文字から、４Ｐと総称される。

もともと営業が強いが、戦略が曖昧で、ブランド管理ができていないという問題意識から、マーケティング部が設けられた。だから、ばらばらの活動をブランド戦略として統合させることが重要だと考えていたが、営業部は一貫したマーケティング戦略の重要性を理解していないというのである。それどころか、マーケティング部を営業部のサポートやアシスタントのように考えているため、「やってられない」というムードであった。

後日、営業部長は部下たちと今回の意見交換について話をしていた。部長は「マーケティング部の連中は現場を知らなさすぎる。顧客のクレームに耳を貸そうともしない」といい、部下たちもうなずいていた。一方、マーケティング部でも同様に今回の話題になった。マーケティング部長はこういった。「われわれは半年先の市場をにらんで計画しているのだから、今日発生したクレームを報告されてもすぐに対処しようがない。しかも営業部からマトモな改善案が出てきたためしがない」と。部下たちもうなずく。

営業部では、販売計画の見込み違いによる欠品など、顧客のクレームはマーケティング部に起因することが多かったので、マーケティング部で引き取って、全体的な計画の見直しをしてもらいたいと考えていた。

マーケティング部は、今後の商品企画につながるような顧客の需要にかかわる情報を営業部から上げてほしいと考え、そのためのデータベースも運用しているのに、そういうことにはまったく無関心であり、目の前の注文をとるために無理難題をいってくるため、いちいち対応できないというのである。

青山専務は頭を抱えた。とにかく役割と責任について、両者の認識が一致していない。当初、青山専務は、両部長同士での意見交換会をしようか思案していた。その前に社長がマーケティング部をどう考えているのかの確認が先決だと思ったが、そもそも自分もこれまでマーケティング部の位置づけを明確に意識してこなかったことを反省した。

しかし、それは遠野食品のブランド戦略をどうすべきなのかという大きな問題だった。このままの野武士のような営業で商品を店頭に押し込んでいくスタイルは、もう通用しないことは明らかであった。だから、10年前にマーケティング部を設けたのだ。

とはいえ、マーケティングが営業を指揮するといえば格好がよいが、現場から離れた机上のマーケティングで、この厳しい競争に勝てるとは、どうしても思えなかった。遠野食品として、あるべき営業とマーケティングの連携の姿がきっとあるはずだと、青山専務はずっと考えていた。

解説　エピソード43

営業とマーケティングとの複雑な関係

マーケティングの仕事を行う部門というのは、さまざまなものがある。例えば、市場調査は調査部、製品企画・開発は技術開発部、広告や販促は販売促進部や営業企画部などのさまざまな部門に分かれて担当する。遠野食品のように、調査や広告などをマーケティング部としてまとめる場合もあれば、営業部の下や経営企画部の下に専門の組織でそれらの業務を行う場合もある。そして、営業部は、販売や顧客への販促提案を担当するが、これは、マーケティング戦略の中ではチャネル戦略と販促活動に含まれる。

営業とマーケティングとが対立するとか、主導権争いをするというのは、よく考えれば奇妙な現象である。営業というのはマーケティングの一部であり、マーケティング戦略を実行するためには、営業部がチャネルの開拓や管理を行ったり、店頭販促活動を顧客に提案したりすることが不可欠であるが、営業部の内部では、それがマーケティング活動の一部であるという意識はあまりない。

マーケティングとは、市場から情報を集めて、分析し、製品、広告・販促、チャネル、価格などの計画を立てることであると理解すると、営業はその計画を実行するという立場になる。それゆえ、営業はマーケティングとは別物という意識が生まれる。つまり、本社の企画部門が行うような計画を立てることがマーケティングと理解されるので、営業がマーケティングの一部とは思わなくなる。

また、このような理解を前提とするから、営業とマーケティングとの対立が生まれる。営業部からすれば、よくない計画の責任は営業がとらされるとか、机上で立てた計画を営業部に押しつけるという意識が生まれやすい。マーケティング部としては、営業が計画の実行に協力的でないとか、計画についての他人事であるという意見をもちやすい。

こうした対立を防ぐためには、マーケティング部が計画を立てて、営業が実行するという分担関係をなくしていくことが必要になる。つまり、営業がマーケティング計画に関与し、特に顧客の反応に基づいて、マーケティング部と協力しながら、計画を修正できるような体制を作ることである。

スポーツのサッカーに喩えてみよう。選手がフィールドに出た途端、事前に説明を受けた戦略を無視して、勝手に動き回るようでは試合に勝てそうもないことは明らかである。しかし、相手チームの戦略や戦況にもかかわらず、あらかじめ立てた戦略を選手に忠実に守らせてしまうのも有効ではない。あるいは、フィールド外にいるコーチが前半の戦況を分析して、後半の戦略を立てて指示するのでは、対応が遅すぎるということになる。そこで、事前にフォーメーションなどの戦略を立てた上で、戦況に応じてフィールド内にいる選手が互いに声をかけあって柔軟に戦略を修正していくことが重要になってくる。

ここで営業はフィールド内の選手であり、コーチがマーケティング部ということになる。そして、営業が顧客の反応を見ながら、計画を修正する役割を担うが、その基本には全社的なマーケティング計画があるという解釈になる。これは、本社のスタッフが中心となって策定するスタッフ主導のマーケティングとは異なる、営業との相互作用で柔軟に計画を修正する営業主導のマーケティングとなる。

ただし、このような営業主導のマーケティングの場合、個々の営業が自分の力で計画を修正する能力が必要になる。すなわち、顧客から情報を収集して、分析し、提案内容を変えるためには、それを遂行できる能力がなければならない。また、営業が主導するため、目の前の顧客の要望に計画が振り回され、市場全体や潜在的な顧客を捉えた修正がうまくできない危険性もある。そうならないように能力育成や市場分析のためにマーケティング部との連携が重要になるのである。

エピソード44

営業部の造反

山王ブレッドは国内準大手のパンのメーカーであり、食パンや菓子パンのほかに、サンドイッチなどの調理パンをスーパーやコンビニを通じて販売している。今年、この会社では、調理パンの新製品として「油で揚げないヘルシーカツサンド」を開発し、全国の小売店で販売することになった。

「油で揚げないヘルシーカツサンド」は、トンカツをノンフライ製法で作り、見た目も食感もカツサンドそのままでありながら、油で揚げないことで、ヘルシーで低カロリーの食品にしたものだった。ノンフライで食感を損なわずに、大量に生産するための技術や生産ラインを開発するのに、2年もかった苦心作であった。このカツサンドが成功すれば、次はエビカツサンドというように「油で揚げないヘルシー」シリーズを展開する予定であった。

次期の新製品となるエビカツサンドの開発に忙しい商品開発部の生野課長のもとに、営業企画部から「とんでもない情報」が入ってきた。関西エリアのある営業チームでは、「ヘルシー」ではなく、ダイエットに効果的ということを強調した店頭販促を展開しているという。「レッツ・ダイエット！」と大きく書かれ、お腹の出た男性のユーモラスな絵を添えた手書きＰＯＰの写真もそのメールには添付されていた。

商品開発部が中心となって取りまとめたマーケティング計画では、ターゲットは若い女性たちとして、低カロリーやダイエットというストレートな表現を避けて、「ヘルシー」というソフトで、おしゃれな雰囲気でTV広告や店頭での販促を展開することになっていた。

低カロリーやダイエットという生々しい表現では、若い女性たちが「油で揚げないヘルシーカツサンド」を購入しているところを人に見られたくない「格好悪い」商品になってしまい、商品を手にとったり、レジを待ったりすることを躊躇するようになることが懸念される。「ヘルシー」と「油で揚げない」の言葉だけで、低カロリーやダイエットということは書かなくても連想できるはずだと考えていた。また、低カロリーやダイエットを強調すると、味を犠牲にしているという連想が働きやすく、特に、中高年層には、「低カロリー＝まずい」という先入観が強いと見られていた。

このことは社内の新製品説明でも強調されてきたことだったが、関西エリアでも生産体制が整い、市場導入が図られるようになると、関西営業部の内部では、「ヘルシー」というソフトなイメージでは弱いとして反発する声が出てきた。特に中高年の顧客層が多くなる食品スーパーにおいては、ストレートに「ダイエット」を強調した方が提案しやすいという意見が強く、営業マンの中には、実際に手書きのPOPを作って、「ダイエット」を強調するような店頭販促の提案をする者が出てきたのだ。

「ヘルシー・シリーズをつぶす気か」生野課長は頭を抱えた。しかし、「売ってなんぼ」の気風が強い関西営業部がこうした行動にでることは、ある程度、予想していたことだった。そのための社内説明会だったが、それだけではコミュニケーションが不十分だったということになる。生野課長は、営業企画部と連携して関西営業部に行き、もう一度、「油で揚げないヘルシー」シリーズのターゲットやコンセプトを根気強く説明しようと考えていた。

解説　エピソード44
営業が考えるターゲットのミスマッチ

マーケティングの有名なキーワードとして、「ＳＴＰ」（エスティーピー）というものがある。セグメンテーションのＳ、ターゲティングのＴ、ポジショニングのＰを並べたもので、マーケティング計画を立てるときには、まず市場を顧客層別に細分化（セグメンテーション）して、その次に、ターゲットとする顧客層を絞り込み（ターゲティング）、その上で、競合製品に対する強いポジションをとるような製品コンセプトを考える（ポジショニング）というステップごとの計画の内容を示すものである。要するに、マーケティングでは、セグメンテーション、ターゲティング、ポジショニングの順番にきちんと分析して計画を立てることの重要性を示している。

ところが、営業部では、既存の顧客との関係がどうしても重要になるために、ＳＴＰに基づいて考えられたマーケティング計画から逸脱したり、勝手にターゲットや製品コンセプトの修正を行ってしまったりすることが起こり得る。山王ブレッドで起きた事件は、そのような営業部によるマーケティング計画からの逸脱である。

営業部からすれば、商品開発部や営業企画部が考える「ヘルシー」というコンセプトは弱くおとなしすぎると感じ、売上をあげるためには既存顧客のニーズに合った修正が必要と考えたのであろう。それが地域適応や顧客適応というものなら、営業部の言い分の方が合理的で、商品開発部や営業企画部のマーケティング側の主張の方が、当初の計画に固執し、机上の空論を押しつけているようにみえるかもしれない。

しかし、営業部では、目の前の顧客にどう売り込むかを最優先に考えるあまり、ブランドとしてじっくり育てるという意識が希薄になりやすい。このエピソードでも、商品開発部が2年がかりで開発した商品だけに、ニッチ市場しかとれないとか、短い製品ライフサイクルで終わるというようなことは、何としても避けたいと考えるはずである。ダイエットを強調すれば、一時的にインパクトがあるとしても、外見や味よりもダイエットを重視するような一部の消費者にしか受け入れてもらえず、すぐに飽きられてしまうか、既存の普通の商品と価格を比べられて、価格競争で儲からない商品になってしまう可能性がある。つまり、長期的に「油で揚げないヘルシー」というブランドを育て、いくつも商品を開発して、商品戦略の柱にするためには、ブランドのコンセプトは営業部に守ってもらう必要がある。

ただし、このエピソードでは、商品開発部にも責任がある。営業部が目の前の顧客の声を重視したり、インパクトのある提案材料を欲しがったりするのはわかっていたことなので、社内での新商品説明において、営業部にとって、強く持続的なブランドをもつことのメリットをもっと説明し、ブランドの重要性を理解させておく必要があったといえるだろう。また、マスメディアでの広告をしっかり計画したり、営業が顧客に提案する店頭販促企画を準備したりして、マーケティングとしてのバックアップ体制を整えて、全社的に取り組んでいくという姿勢を示すことも重要である。

商品開発部が商品を開発し、営業企画部が販促企画を考え、営業部が売るというバトンタッチをしながらの業務の進め方をしていると、各部門が自分たちの領分だけの責任を果たすことを考え、問題が起これば、その責任を部門間で押しつけあうことになってしまう。それではブランド戦略を展開することはできないということを認識すべきである。

エピソード45

ヨコ展開の差で負ける

調味料メーカーのヤマモリ食品の営業マンである福岡氏は、取引先のスーパーで展開されているライバル会社、江田フーズの販促キャンペーンを苦々しい思いで見ていた。この日はゴールデンウィークのまっただ中で、「こどもの日にファミリー・ステーキ」と書かれたPOPが掲げられ、精肉売り場の一角には、江田フーズのステーキソースが目立つように並べられていた。

昨年の今頃は、福岡氏が企画した「母の日キャンペーン」が成功し、ヤマモリ食品のステーキソースが精肉売り場に大量に陳列されたが、今年は、調味料売り場にしか商品を並べさせてもらえず、ライバル会社に完敗としかいいようがない状況であった。

昨年の「母の日キャンペーン」は、福岡氏が北関東地域の食品スーパーに5月の母の日に合わせたキャンペーンを提案し、それが採用されたものだった。精肉売り場にヤマモリ食品のステーキソースとトレー容器に入れた付け合わせ用のカット野菜を一緒に並べて、「ママ、ステキ！　ママ、ステーキ！」というコピーとエプロン姿の父と子がステーキ皿を差し出すという絵を手書きで描いたポスターを貼り、ステーキの調理方法を説明したチラシを配布した。週末に家族で来店した顧客に対して、母の日だから奮発してステーキを家庭で食べることや、子が父と協力してステーキを焼き、母に感謝の思いを伝えたりすることを勧めたのである。

このキャンペーンを行ったスーパーにとって、「母の日」の夕食の献立がステーキに変われば、客単価が大きくアップするというメリットがあった。また、財布のひもが堅い顧客であっても、母の日だからちょっと贅沢をすることを夫や子が勧めることで、ステーキという提案がすんなりと受け入れてもらえた。したがって、期待以上の販売を達成することができた。

このキャンペーンについての成果報告を受けて、ヤマモリ食品の営業本部では、こうしたファミリー向けのキャンペーンを使って精肉売り場でのステーキソースの陳列・販売を全国で推進しようとしたが、各地の支店から反発の声があがり、この企画は頓挫することになる。ヤマモリ食品のステーキソースは精肉売り場に置かれることは少なく、精肉売り場を押さえていたのは江田フーズであったため、この強い競合を押しのけるほどの力がこの企画にはないと思われたためである。しかも、ヤマモリ食品のTV広告は、高級レストランの味をイメージさせる上品なもので、ファミリー向けの店頭キャンペーンとミスマッチを起こすなど、営業本部の中でも否定的な意見が出てきて、この企画は福岡氏の周辺以外では、ほとんど実行されなかった。

福岡氏の今のポジションでは、何もできず、ことの推移を見守ることしかできないのが歯がゆかったが、さらに、ライバルの江田フーズがヤマモリ食品の行ったキャンペーンをコピーするどころか、より高度な形で全国展開してきたため、福岡氏が悔しい思いをいっそう募らせることになった。

江田フーズでは、北関東地域のスーパーでヤマモリ食品の「母の日キャンペーン」が成功したことの情報をつかんだ。その後は敏感に反応し、営業企画部で競合他社の事例を分析して、精肉売り場での店頭販促を含んだ全社的なマーケティング企画をすばやくまとめあげた。

それは、これまでのようにステーキソースのおいしさを伝えるのではなく、家族でおめでたいことがあったときに家庭でステーキを食べるという新しいライフスタイルを提案するという戦略に切り替え、そのために店頭販促とTV・ウェブの広告も連動させるものであった。クリスマス、正月、バレンタイン、卒業祝い、入学祝いと月替わりで、家族のおめでたい日やイベントにステーキを食べてお祝いをするという内容の広告をTVやネットで流すのであった。その一方で、店頭でもTV広告の画像をPOPに使うなどして、スーパーと共同での販促企画を実施した。しかも、ホームパーティー用の新製品も発売する計画である。

これら一連のマーケティング活動で、ヤマモリ食品の営業は劣勢に立たされることになり、調味料売り場での棚割もなかなかとれなくなっていった。福岡氏は、こうした販促企画を提案して成功させるためには、営業努力だけでなく、営業企画や広告などの全社的な動きに結びつけて、営業とマーケティングとを連携させることが重要であることを痛感したのだった。

それはヤマモリ食品の営業本部でも同様であり、福岡氏は、今回の件でその能力が見込まれ、次の人事異動で営業企画部に移ることが内示されていた。ようやく彼の考えを実行できる体制が整った。

解説　エピソード45

成功する販促企画提案

顧客に提案を行うことは、営業にとって重要な仕事の1つである。その顧客が小売業者なら、営業は、小売店頭の販促企画を提案することで、単に製品を多く販売するだけでなく、顧客の売上を伸ばすことで顧客に満足してもらい、顧客との関係を強化することができる。

このような営業が行う販促企画は、メーカーの広告・販促活動において、次のような特徴がある。まず、販促を低予算で小規模に行えるため、さまざまな販促の試みを実験的に行うことができる。また、提案によって顧客の反応がすぐにわかるために、顧客のニーズにあわせて修正しながら柔軟に展開できる。しかも、販促企画を実施したとき、消費者の反応を店舗で確認でき、その反応によって、企画の途中で企画内容を修正することもできる。そして、ある顧客で成功した企画は、全国に広げて展開することができるため、成果を見ながら予算規模を拡大することで、企画の失敗による損失も少なくできる。

このように営業が行う販促企画提案は、柔軟性が高いことによるメリットが大きいため、うまく活用できれば、メーカーにとって強力なマーケティング手段の1つになる。ただし、販促企画提案を成功させるためには、いくつかの条件が必要になる。

1つには、営業マンが顧客の店舗を見て、魅力的な販促企画を考え出す能力が必要である。これは、販促企画を数多く提案し、顧客の反応から修正するというトライアンドエラーを通じて学習していくことが基本になるため、能力の問題というよりも、そのような提案を行う動機づけの問題になってくる。

2つ目には、顧客との良好な関係ができていないと、販促企画についての顧客のニーズも収集できず、成果が見込めないとして企画を採用してもらえないことになるため、営業が顧客との関係をきちんと作っていることが重要になる。

そして、最後に、成功した販促企画を他の顧客にも提案するというヨコ展開ができることである。店頭販促企画は小規模で始められるが、小規模のまま終わるようでは、低予算とはいえ、かけた費用のわりには成果への貢献が小さなものとなる。効果が期待できる企画は、予算を付けて、大きく広げることが重要になるのである。

このエピソードは、店頭販促企画のヨコ展開がうまく行かなかった典型的な事例である。

この場合に障害となりやすいのが、他の営業マンの消極的な姿勢である。例えば、企業によっては、そもそも顧客に提案を行うことに慣れておらず、営業の仕事は提案ではなく、販売と考えている場合には、前に述べた営業マンの提案能力やその動機づけが課題となってしまうだろう。つまり、マネをしたくてもどうしてよいかわからないという事態に陥るのである。

さらに、営業間の競争意識が高いために、自分たちが考えた企画にしか関心がなく、他の営業が考えた企画では、その企画が優れていることを認めてしまうことになるとして、状況の違いなど使えない理由を並べて、採用しないということも起こり得る。営業に販促企画を積極的に提案させるためには、彼らに自由度を与えて、競争意識を高めていくことが重要になるが、そのことがヨコ展開を難しくするというディレンマをもたらすのである。

このときに営業企画部の役割が重要になる、すなわち、営業が実施し、成功した企画の事例を営業企画部で集約して、全社的に適用する企画に作り直したり、その企画が適用できる顧客を見つけて、その適用を推し進めるのである。

た

な

は

さ

索引

【著者紹介】

高嶋　克義（たかしま　かつよし）

神戸大学大学院経営学研究科教授、博士（商学）
1982年 京都大学経済学部卒業。
1984年 神戸大学大学院経営学研究科博士前期課程修了。
1987年 同研究科博士後期課程単位取得。
〈主要著書〉
『小売企業の基盤強化』有斐閣、2015年
『現代マーケティング論』（共著）有斐閣、2008年
『生産財マーケティング』（共著）有斐閣、2006年
『営業改革のビジョン』光文社新書、2005年
『営業プロセス・イノベーション』有斐閣、2002年
『生産財の取引戦略』千倉書房、1998年
『マーケティング・チャネル組織論』千倉書房、1994年 ほか

田村　直樹（たむら　なおき）

岡山商科大学経営学部准教授、博士（商学）
1991年 関西大学経済学部卒業。
1993年 オクラホマシティ大学大学院MBA課程修了。
2004年 神戸大学大学院経営学研究科博士前期課程修了。
2008年 神戸大学大学院経営学研究科博士後期課程修了。
〈主要著書〉
『セールスメーキング』（編著）同文舘出版、2014年
『経営戦略とマーケティング競争』現代図書、2013年
『セールスインタラクション』碩学舎・中央経済社、2013年
『新しい公共・非営利のマーケティング』（分担執筆）碩学舎・中央経済社、2013年 ほか

平成28年3月10日　初版発行　　　略称：営業課題

45のエピソードからみる
営業の課題解決

著　者　Ⓒ　高 嶋 克 義
　　　　　　田 村 直 樹

発行者　　中 島 治 久

発行所　**同 文 舘 出 版 株 式 会 社**
東京都千代田区神田神保町1-41　〒101-0051
営業（03）3294-1801　編集（03）3294-1803
振替 00100-8-42935　http://www.dobunkan.co.jp

Printed in Japan 2016　　製版：一企画
印刷・製本：三美印刷

ISBN978-4-495-64781-0